4人の若者による苦悩と葛藤の報告

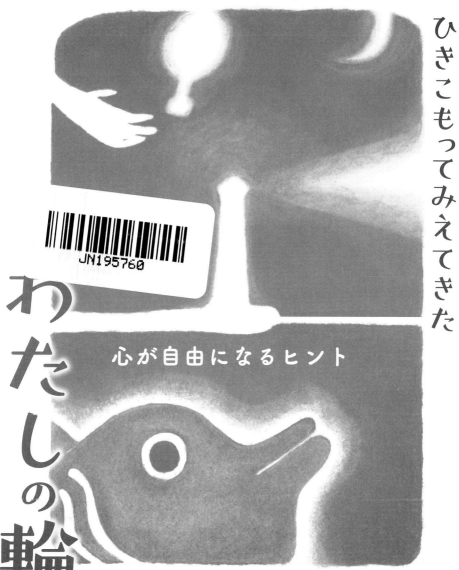

ひきこもってみえてきた わたしの輪郭

心が自由になるヒント

NPO法人 京都ARU編集部
KYOTO ARU

クリエイツかもがわ
CREATES KAMOGAWA

はじめに

この度、クリエイツかもがわより四人の若者による苦悩と葛藤の報告『ひきこもってみえてきた わたしの輪郭──心が自由になるヒント』を刊行することとなり、大変嬉しく思っております。

今回は二〇一二年、五人の若者による苦悩と葛藤の報告『ひきこもってよかった──暗闇から抜け出して』に続く第二弾といえます。

私は大学を退職後キャリアカウンセラーの資格を得て、厚労省管轄の京都若者サポートステーションで、親こころ塾やカウンセリングの仕事を二〇〇六年設立当初から昨年春まで続けてきました。一方でひきこもりを支援している団体やグループと関わり、エネルギーを十分出せない若者と関係をもたせていただいてきました。京都ＡＲＵではＮＰＯ法人になる以前から、そしてＮＰＯ法人になって八年経ちますが、若者と親御さんをサポートさせていただいています。

本当に多くのことをＡＲＵの皆さんを通じて学ばせてもらってきました。親こころ塾での当事者の体験発表は心に深く感銘を与えるものでした。

ひきこもりの若者の多くは、ひとくくりでは説明できないさまざまな経緯があり、過去を含めた自分の中の自分と折り合いがつけられず、精神科医の中井久夫氏が言うように「心の自由度」(『最終講義─分裂病私見』みすず書房)が低下して苦しんでいる状態にあります。親御さんに軽々しく、共感し寄り添ってくださいと言えない苦しさの根は深いように思われます。

先日内閣府から中高年のひきこもり、四〇歳～六四歳が推計六一万人(二〇一九年)という数字が発表されました。また、一五歳～三九歳（二〇一五年実施調査）では推計五四万人といわれ、単純に合計できないとしつつ総数一〇〇万人以上になるとの見方が示されています。

そんな中、京都ＡＲＵでは専門学校へ行くことができたり、また就労に結びつくことのできた若者がいること、また若者自身の変化がみられることはささやかであっても大きな喜びといえます。

今回ブックレットの発行にあたり、執筆者の勇気に心から敬意を表したいと思います。

読者には、執筆してくれた本人の苦悩と葛藤の思いが深く伝わってくるのではないでしょうか。また、心の中にヒントやひらめきが生まれることと思います。そして、いくらかの心の安らぎがもたらされることを願っております。

最後になりましたが、ＡＲＵがＮＰＯ法人になる前から大きく貢献していただいた、前理事長の田中稔さん、そしてこの仕事を快く引き継いでいただいた現理事長の田中良明さん、ＡＲＵを軌道に乗せしっかり支援していただいている現副理事長の大槻裕子さんに深くお礼を申し上げる次第です。ありがとうございました。

同志社女子大学名誉教授
ＧＣＤＦキャリアカウンセラー　佐々木佳代

CONTENTS

装画・本文イラスト／とも

1 明けない空はない
心が自由になるヒント

TAKU（34歳・男性）

vol.1

はじめに

二年ほど前からＡＲＵを活用させて頂いているＴＡＫＵというものです。三四歳です。ＡＲＵとの関わりの中で助かると思うことは、人への距離感や学びを比較的気楽に得られる機会に恵まれることです。ただ、僕自身、新卒（大学卒業後すぐの就職）先での上司との人間関係のトラブルから重度の鬱とひきこもりを経験しており、今も人との関わりで傷付いたり、逆に人を傷付けたり困らせてしまったりというのを繰り返しながら、何とか目の前の「今日一日だけ」に意識を向けながら考えて生きています。

僕はとても気持ちの弱い人間です。アスペルガー症候群という発達障害も持っています（ひきこもりを脱した二三歳の時に医師から告知）。だからこそ僕は「もう二度と重度の鬱（二次障害）になって人生のどん底に落ちて自他を苦しめない」という気持ちで様々な社会資源を活用してきました。今もネガティブな感情でいっぱいになるので、予防と治療の意味で活用しています。そのお陰で今は毎日が充実していて精一杯、自分を生きている実感があります。

この記録は試行錯誤が身にならずネガティブな感情に支配されてひきこもっていた当時の自分と、僕の対応に途方に暮れていた両親に「こんな社会資源があるよ！」「こうしたら今よりはきっと心が自由になるよ！」「もう大丈夫だから、明けない空はない。一人じゃないからね！」と今の自分が言ってあげられるような気持ちで書き進めていこうと思います。その上で、もし一人でも多くの方の心の負担が今より少なくなり、「新たな行動の為の手助け」ができれば本当に嬉しく思います。

初めて活用した社会資源　〇歳～十八歳

一番古い記憶で、心に関する社会資源は今から十八年前（十六歳）の高校時代、母と共に精神病院に行き、医師の前で小さい箱に指定の人形や建物を置いていく箱庭療法という心理テストをしたことです。母は紙に木を書くテストをしました。結果は特に問題なかったように記憶しています。母に当時のことを確認してみると、母自身に気分の落ち込みがあり、僕自身もその影響を受けて落ち込んでいたことと反抗期もなかったことから、母が心配して連れて行ってくれたようです。

〈振り返り〉

当時から〝怒りや悲しみ〟といった負の感情を上手く相手に伝えることができずに〝我慢する（見ないようにする）〟ことが自然なことだったように思います。また、事態が深刻なほど状況が整理できずに一人で抱え込んでいた傾向もありました。この時期に障害の告知があれば少しはその後の結果も良くなったのかなと、振り返ると思います。

二回目以降の社会資源　十八歳～二一歳

今から十四年前（二十歳）の大学時代、運動部のキャプテンになり、社会福祉の授業もアルバイトも増えて人との摩擦も多くなりました。その為「今まで経験したことのない強いストレス」を感じ、母に紹介された精神病院に行きました。その時、医師から「あなたは、真面目な性格だからどうしてもしんどくなりますね」と言われ、「この人は僕のことを分かってくれている」と感じて安心したことを覚えています。その後、担当の相談員の方がつき、その相談員が当時通っていた大学内の学生相談室に勤務していることを知って、相談（カウンセリング）はそちらに行くことになりました。相談員との関係も徐々に築かれていき病状も一時的に良くなりました。ただ、それも長くは続かず、ある時僕の相談を聞きながらウトウトされた相談員の姿に傷付き、行くことができなくなりました（相談員にその理由は言えませんでした）。また、当時病院から精神薬の処方があったのですが薬を飲むことに当時は抵抗感を持っており、毎日服薬する薬を〝よほど苦しい時〟しか飲めず、医師との関係も築けなくなり通院から一年ほどで病院に行かなくなりました。

〈振り返り（当時と今の自分の考えや環境を比較して①〜③でまとめてみると）〉

①自分が苦しい時の感情のセルフコントロール方法を知りたかった（当時は自分の感情の波に、ただ右往左往していたような気がする）。

②自分の悩みや考えを安心して気軽に言える場所や機会（選択肢）が他にも必要だった（限られた選択肢だとそこに行けなくなったときのショックが大きい）。

③心の病気は医師や相談員に〝治してもらうもの〟ではなく、自分で状況を整理していく中で〝治してもらいやすいようにしていくもの〟だという認識がなかった（何もかも相談員に頼りきりだったので、自分から治る為の努力や工夫をするという発想自体がなかった）。

当時の自分へ今の自分が言いたいこと

おそらく、周りの人達との摩擦やストレスで〝違和感〟は何となく感じながらも〝どうすることもできず〟限られた知識の中で何とかしようとしていた自分。大人になるにつれて生きづらさが生活にまで支障を及ぼしてきた自分。「問題の解決は一つずつ目の前の課題を整理してクリアしていく」「疲れたら休める場所を内外に作っておく」この二つが基本であり、なかなか難しいことですが、勇気を持って徐々に築いていきましょう！　今の僕もそうしています！

vol.2

前書き

今回は僕の人生が暮れていく〝ひきこもる前の出来事〟の話なので、読んでいて辛い気持ちになるかもしれません。ですが、〝この出来事〟が今の僕の行動を支えている原動力となっている出来事でもあるので、可能な限り書いていこうと思います。

大学四回生　二一歳～

四回生になりサークルのキャプテンという責務から（幹部は三回生のサークルだったので）解放されて、この一年間は「自分らしく」いられた時期でした。就職は実家の付近で運営している障害福祉のホームヘルプ事業所に決めました。僕なりに色々な下準備や経験も重ねて慎重に選択したつもりでした。そして採用試験も何とか合格することができました。しかし、この採用先で僕は人生のどん底を経験することになります。

〈振り返り〉

当時の（十三年前の）僕は、目の前の「目標や理想」にとことん努力できる反面、自分の許容以上のことをして「限界を超えてしまう」傾向が強くありました。

就職　二二歳～（入社～九ヶ月）

入社してすぐに新人研修が始まり、僕はこの研修では頑張って積極的に周りの人に声をかけることができました。しかし、研修が終わり現場に入ってから僕は〝努力や忍耐ではどうにもできない壁〟にぶつかることになります。それは慌ただしく人が入れ替わっていく変化がいつも想定される人口密度の高い場所での業務、常に臨機応変なチームプレーが求められる流動的な業務を職員として毎回こなしていく必要があることでした。それでも必死に働いて、少しでも慣れる為に上司や先輩に勇気を出して相談や自分の考えを話すこともありました。ですが〝会社が求める人間〟にはなれず、上司に他の職員がいる前で

「もっと頑張って利用者さんを喜ばせないと！」

「あなたはこの仕事には向いていない！」

と言われ、それからは何事も人を避けて孤独に仕事をしていました。入社して三ヶ月で僕の変化に気付いた母と一緒に、（学生時とは別の）精神病院に行くと、「鬱病」の診断が出ました。この診察の時、男性の主治医の他に若い女性の研修医も同行しており、僕は「研修医の同行は恥ずかしいから嫌です」と言いたかったのですが言えずに我慢していると、診察中に限界となり診察室から退出したことを覚えています。父にそのことを話すと「そこは割り切るもの」と返されて無力的な気持ちになりました。担当医から「休職も考えたほうがいい」と言われましたが、父に「今の時期に会社を休むことは今後の会社の人間関係に響くので休まないほうがいい」と言われ、そのまま会社に行き続けました。

この頃の僕はストレスで自分を見失い、他人の意見に全て従って行動する人間にもなっていたので〝自分でさえも〟信じられなくなっていました。父は僕の悩みを理解できない様子だったので信

頼できず、母にずっと仕事の悩みを聞いてもらっていました。ある日母が「それはあなたが悪い！すぐに上司に謝りなさい！」と言ったので嫌々その通りにすると、上司に「そういうことじゃない！あなたは別の部署に移します！」と言われ、目の前が真っ暗になりました。

会社での苦しみや悲しみがだんだんと苛立ちや怒りの感情になっていきました。

この時期に自分の携帯を母の目の前で二回壊しました。また、実家の外の照明ランプを両親との会話がきっかけで、手で壊し、指に深い傷を負いながらも自分で包帯を巻いて仕事をしていました。その後、上司に人前と電話口で激怒されたことをきっかけに職場の公用車の後部ガラスをドロップキックで割り、無断欠勤して逃避行をしました。

新幹線と徒歩で、とにかく「逃げたい！」「どうせ自分なんか…」という気持ちで移動を続けました。後ろに引き返すことはしたくなかったので、立ち入り禁止の場所も構わず歩いていると線路を歩いており、誰かに肩を押されたように左にふらつくとその直後に電車が通り過ぎていたこともありました。逃避行時に最後の望みとして出先の精神病院に行きましたが、医師との意思疎通が上手くいかず〝絶望〟を感じました。そして、実家に帰る頃には心も体もボロボロの状態でした。

死んだように寝ていると、数日後に父が「退職の手続きをするけどいいなぁ？」と言ってきて、僕の弱り切った「分かった…」という声を聞いた後、早急に退職の手続きをしました。
この日から僕の、社会から完全に孤立した〝ひきこもり生活〟が始まりました。

〈振り返り〉
当時の僕は、①「合わない環境」で、②「無理な我慢」を重ね、③「孤立」を繰り返し、④「爆発」していました。そして、この悪循環を繰り返すごとに他人との意思疎通が困難となり、感情的で短絡的な行動が強まっていきました。そんな中、ただ願っていたことは「誰でも良いので、今の自分の苦しみを分かってほしい。救ってほしい」ということでした。

vol.3

前書き〈前回までの振り返り〉

①幼少期から自分の気持ちを上手く人に理解してもらえる経験が少なく、何か助けてほしいことがあっても一人で抱え込むタイプでした。
②大学時代から人との関係で違和感を強く感じ、悩みを相談した精神科の先生などの心の専門

家にも〝意思疎通ができていない〟と思うこともありました。

③大学卒業後の職場で、その違和感やストレスが仕事にまで影響して自分の限界を超えて物を壊すなどの行動に及び逃避行後、ひきこもりの状態となりました。

ひきこもり生活　退職〜三ヶ月後

人との関わりに疲れて新しい一歩を踏み出す力が出ず、ただ全てから逃げるように寝ている内に、夜に寝付けない不眠症となり、昼夜逆転していきました。最終的には起きるのは夕方六時頃、寝るのは朝方の六時頃となり、〝日の光をほとんど浴びない生活〟になりました。そしてこの昼夜逆転が僕の心と体を少しずつ確実に弱らせていきました。

ひきこもりから三ヶ月後、この状態から何とかしようと唯一知っていた再出発の手段として、地元の職業安定所に頑張って行きました。係の人からは「失業保険が出ますが、その分、就職活動と報告が必要です」と言われました。失業保険はほしかったのですが、職場で受けた恐怖やトラウマによって、仕事＝自分の心と体を痛めつけるところという認識になっていたので、新しい職場を自分一人で探し続けることの壁がとても高く感じられました。就職活動を諦めたことで更に劣等感が増していきました。

次第に、鬱症状が悪化していき、身動きできない布団の中で〝不快な物質や感情〟に圧迫されて支配されていく体験が続いていきました。布団の中で助かろうと、どんなにもがいても助かることはなく、次第に眠ることが怖くなっていきました。

〈振り返り〉

この時の僕に必要な支援は鬱症状（鬱病）になったからこそ得られる〝手厚い支援がある〟ということを教えてくれる人等の存在でした。また、この病気や症状は自分や周りの人が支援（社会資源）を長期的な目で探し続けて繋がっていかないと、なかなか改善していきにくいものであるということを知っておく必要がありました。僕は今、自分が鬱症状だからこそ心理的にも物理的にも経済的にも様々な支援を得られています。正直、少しの後ろめたさはありますが、これらの支援によって十年以上自立して生活できていることから、自分が得られる恵まれた権利として積極的に活用させてもらっています。

ひきこもり生活　三ヶ月後〜四ヶ月後

この頃から母は僕に栄養剤を飲ませたり、外食や買い物、旅行にも連れて行ってくれました。しかし、その心遣いとは裏腹に、成人にもかかわらず親の助けを借りる行為自体に僕自身は内心多く

1 明けない空はない TAKU

の〝世間への引け目〟を感じており、症状が改善することはありませんでした。次第に自暴自棄になり栄養剤を多量に飲むこと等が増え、その後遺症で四六時中しゃっくりが止まらないようにもなりました（この後遺症はその後完治するまで二年ほどかかりました）。

民間の治療が上手くいかなかったので不眠症と鬱病の治療の為、母と一緒に実家近くの精神病院に行くこととなりました。待ち時間が長く、診察前には余計に疲れた状態になっていたように思います。

この病院の先生は不愛想な印象でしたが、薬を多量に処方する先生ではなかったことと、診察とは別に専属の相談員がいたので〝良い面〟もあったのかもしれません。現に、抵抗感のあった薬を服薬することで昼夜逆転が一時的に改善されました。しかし、数ヶ月で効果が薄れ、元に戻りました。また、専属の相談員が僕の相談を引いて聞いていたように感じ、そのことがショックで病院に行くことができなくなりました。当時の僕は特に、人や物事の良いところは気付きにくく、悪いことや不都合なことは過剰に強調されてしまう（誤解もしてしまう）傾向がありました。また、自意識過剰な状態にもなっていました。そして、この状態を脱する方法も見通しもない絶望的な状態でした。

〈振り返り〉

この頃の僕はとにかく孤独でした。また、自意識やプライドがとても高くなり心身共に不安定な状態でした。このような状態を脱するには、とにかく規則正しい生活を送ることです。そして、最初は辛くても社会や人と関わる（話をする）機会を作っていくことです。暗い場所では心も体もひきこもりやすく、弱りやすく、専門家さえも立ち入れない状態に僕はなりました。余談ですがこの頃、両親の関係も良くなかったように感じて少なからず僕に悪影響を与えていました。明るい場所とは自分が存在していて良いのだと思いやすい居場所のことです。明るい場所は自分の心境や状態により変化もします。色んな角度から（自分の存在が認めてもらえているという）光を浴びることにより不安は次第に安心へと変わっていくのだと振り返ると改めて思います。

vol.4

ひきこもり生活　四ヶ月後〜六ヶ月後

前回紹介したように精神病院へ行けなくなった僕は、再び自宅で昼夜逆転の生活を送っていました。また、この頃は心の疲労に加え、自傷行為による後遺症（しゃっくりが出続けること）が僕の体にも負担を与えていきました。

ある日、母は僕に当時信仰していた宗教の合宿に行くように勧めてきました。僕は「今の状態が何とかなるなら」という気持ちで幼い頃から前向きな話を多く聞かされていた宗教の合宿所に行きました。この時の僕の状態は、昼夜逆転の体質や極度の人見知りは変わっておらず、この合宿先に全面的な期待を込めて臨んでいました。一方この合宿所は、運営者の時間管理のもと、予め定められた計画通りに各個人が移動して学びを得ることやプログラムに参加するという、当時の僕にとってはとても厳しい段取りとルールでした。

僕は自分の状態を考えて誰にも相談できないまま、朝～夜は利用者が使っている大広間の押入れの一部を自分用に作り替えて寝て過ごし、早朝に自由参加として催されている〝お祈り〟に参加して精一杯頑張りました。二～三日この生活を〝後ろめたい気持ち〟で続けていると合宿所の職員が僕の寝ている押入れの扉を突然開けてきて「こんな所で寝ているんですか？　早くプログラムに参加してください」と言って起こしにきました。職員の様子から「我慢の限界を超えた合宿所の利用者の誰かが、この職員に僕のことを伝えたのだろう」と思いました。僕はこの職員の動揺と戸惑いながら対応しているような姿に深く傷付きました。そして「この人は僕の精一杯の頑張りは見ていなくて、大多数の人が不都合だと訴えていることしか見ることができないんだな」と思い、本当に悲しくて無力的な気持ちになりました。

その後、職員と僕はプログラムの一つの〝敷地内の木の実を集めるもの〟に参加する為、その場所に一緒に行きました。しかし、木の実を集めている利用者の集団を見た瞬間、僕はその中に僕のことを告げ口した人がいると思って怒りを感じ、それを抑制する為に「トイレに行きたいです」と職員に言って近くのトイレに行きました。職員は監視員のようにトイレの中に、僕のすぐ近くにまでついてきました。それを見た僕は気持ちの糸が切れて、トイレの壁に何度も自分で頭をぶつけました。職員は引いていたようで、無言でした。

それから僕は泣きながら、その合宿所を一人で出て行くことにしました。家に帰り、頭にたんこぶを作ってきた僕に母は「あー…。ダメやったんやね」と諦めとともに優しく接してくれたことを覚えています。

〈振り返り〉
この時に僕が周りの人に求めていたことは、ただ認めてほしかったということです。どんな些細な変化でも良いので僕の頑張りをしっかりと観察した上で、例えばこの職員に「大丈夫ですか？　プログラムに参加できないのは仕方ないですけど、私はあなたが良くなることを信じてますよ！　毎朝お祈りにも行って頑張ってますからね。また何かありましたらいつでも声をかけてくださいね」と言われていたら、僕の気持ちはとても軽くなっていたと思います。

ただ〝全体の視点〟から振り返ると、この社会や人達は〝それぞれ固有のルール〟によって成り立っているという見方ができます。そのルールに対して例外を認めてもらうのであれば

①正当な理由や状況（今の自分の状態や考え等）を

②その場を管理している人に

③正確に伝えなければなりません。

どんな理由があっても、それができないことが重なると、今回の僕のような誤解を受け、〝気持ちの糸が切れた行動〟にも繋がってしまうのだと思います。

しかし、もう一度〝個人的な考え〟を加えると、これらのことが事前に分かっていたとしても常に行動に移せる人がこの世界にどれ程いるのでしょうか？　今回のようなすれ違いは、当時の僕のような極度の人見知りで鬱病にまでなった人など誰もが経験していることではないか、と僕は想像してしまうのです。

～当時の自分へ～

本当によく頑張っています。必死にもがいて何とかしようとしています。僕も今、頑張れば頑張るほど苦しんでしまうような感覚がある時なのでよく分かる気がします。今回の君の良かったところは、わざわざ夜行バスにまで乗って宗教の合宿所に行って、自分一人で何とかしようとしたところです。その経験はきっと今後役立ちます。今回は君のことを分かってくれにくい人が多かったかもしれないけど、君のことを分かってくれる人や場所はこれから必ず見つかります。今の僕が保証します。だから、自分自身を大事にすること、人を信じることを諦めないでほしいのです。今、苦しんでいるということ自体すごく頑張って生きていることなのだと僕は思います。何かと上手くいかなくて自分を責めることも多いと思うけど、少しずつで良いので十分頑張っている自分を認めて褒めてあげてくださいね。

vol.5

前書き

今回は、ひきこもっていた僕の（当時の）家族との関係や日常的な生活などを中心に書いていこうと思います。また、この文章を通じて、当時の僕に対する理解が深まることで、僕のような人との関わりに少しでもヒントを得てもらえたらなという気持ちで書いていこうと思います。

ひきこもり生活　～六ヶ月内での僕と家族等の当時の様子

僕の家族構成は、両親と姉と僕と妹二人の六人家族です。十二年前の当時から姉は実家を離れていたので、家には姉以外の五人が住んでいました。ただ、僕は昼夜逆転をしていたので、家族の誰ともまともに会うことも話すこともできない状態だったように記憶しています。

父は僕が寝ていた一階のリビングに毎朝会社に行くためにやってきて、息を殺して食事をすませてから出勤していたように僕は感じ取っていました。

この頃の僕の主な活動は、自宅で漫画を読むこととTVを観ることしかありませんでした。TVは深夜放送から見ていたので通販番組や夜間の交通映像、何かの再放送が流れていたように思います。定期的な食事や入浴はできず、外にもほとんど出られませんでした。考えることや悩む時間は沢山ありながら、少しも自分一人だけの心の落ち着く時間はなく、自分の存在を誤魔化すためにTVと漫画と寝て日々を過ごしていました。

ある日の通販番組で〝お金持ちになるための教材〟が何度も流れていました。そして、お金持ちになった人の一人に僕のようなひきこもり経験者が出演していて、大成功をして社会貢献もしている映像が映っていました。僕は思い切ってその教材を注文して、深夜に何度も教材のCDを聴いていました。しかし、次第に不快な気持ちになってきて聴くのを諦めました。

実家には不穏な空気が漂っており、母はたまにヒステリックになっていました。理由は父に対してのようでした。ですが、僕にも原因があると思って後ろめたい気持ちになっていました。

そこで、両親の関係を何とかしようと僕自身が家族会議を企画して、家族みんなと話し合う機会を作りました。しかし、家族の反応は悪く、上手くいかなかったことを覚えています。

ある日、社会貢献がしたい気持ちが強くなって近所のゴミ拾いをしました。しかし、対人恐怖のため数日でできなくなりました。道行く人の中にはお礼を言ってくれた人もいましたが、恐る恐る言われた気がして負担を感じていたことを覚えています。

何となく、当時寝ていた布団にライターで火を付けてみました。そして、燃え広がる前にすぐ手で消しました。その後、母が「何で焦げてるの?」と聞いてきたので、僕は「たばこを吸った」と答えました。手には火傷と痛みもありましたが、何も手当てをする気が起きませんでした。

その後、辞めた職場の僕に優しかったほうの上司から電話がありました。僕はその上司に「精神的にも身体的にも疲れている」と答えました。すると上司は実家の近くの精神科を紹介してくれました。僕はその病院に予約を入れました。しかし、当日は気力が出ずに行くことができませんでした。同じ頃、しばらく会っていなかった友達と（どちらから声をかけたのかは忘れたのですが）会う約束をしました。しかし、会う日が近づくにつれて苦痛が増してきて「行けないこと」をその友達にメールで伝えました。本当は苦しくて抜け出すことができないので助けてほしかったのですが、メールだとそのような感情やサインを伝えられずに、建前としての前向きで頑張れそうな元気なメールを送っていました。そして、その友達もとても前向きな返事をしてくれましたが、後日、別の人から聞いた話では、その友達は約束を取り消した僕からのメールを不快に感じていたということでした。

〈振り返り〉

「当時の自分の回復の為にできること」…十分頑張っている当時の自分に更にできることという投げかけ自体、酷なことだと思うのですが、今の僕だから言えることとして

①自分の部屋を掃除してみる

②人目が気になるならマスクや帽子をしてもいいから一日一回は外に出てみる（小さいゴミ袋のゴミを、ゴミ捨て場に捨てに行くなどの用事を作ると外に出やすくなる）

③大きな先のことを考え過ぎずに、小さな成果に気付けるように生活してみる（手帳などに毎日記録すると気付きやすい）

④近くの図書館や本屋さんに行って自分に合いそうな本を探してみる
⑤自分の好きなことや得意なことを書き出してみる
⑥自分の気持ちや感情も紙に書き出してみる
⑦これらの中で一つでもできそうなことがあれば続けてみる（まずは、一人でもできる負担の少ないことから暇つぶしくらいの気楽な気持ちでやってみる）

「当時の母が僕の回復の為にできること」……当時を振り返ると、僕と一番関わる機会があったのは母でした。母も十分僕の為に頑張ってくれていたのですが、一つのポイントとして助言をさせてもらいます。今回の出来事の中では、まず優先的に僕のことは気にせず自分らしく元気に生活してもらいたかったです。その姿が僕の何よりの助けや救いになると思われたので。そして僕に何かを提案する前に僕がしようとしていること（何ができて何ができないのか）、好きなことと嫌いなことを僕の様子や会話の中から見つけて、判断、資金、行動などに助けが必要かなと思えばその部分だけ「手伝おうか？」と言って、本人に最終的な選択を委ねてもらえたらなと思いました。

vol.6

前書き

この回から少しずつ僕の心と体の状態が最悪の状態になっていきます。とても辛かった経験なのですが、今の僕自身の気持ちとも折り合いを付けながら書いていければと思います。

ひきこもり生活　六ヶ月〜六ヶ月半後の話

もう実家で僕や母親ができることはやり尽くしており、僕は祖父母の家に行くことになりました。母からは何も説明を受けておらず、僕は家から追い出されたような気持ちになっていたように記憶しています。

祖母は僕に居間の隣の畳がある十二畳程の広さのある部屋に布団を敷き、寝る場所を与えてくれて、ご飯も作ってくれました。しかし、それ以上の対応は（普通のことかもしれないのですが）受けることができなかったので、夜は不安と悩みと染みついた生活リズムの為寝ることができずに朝方までテレビを見て気を紛らわし、昼過ぎまで寝ていました。数日後、僕が寝ている時間帯の日中に、隣の居間から祖父母の僕に対する不満の陰口が聞こえるようになってきました。次第に肩身が狭く心も過敏になり、祖父の「まったく…。何をやってるんや！」という言葉に僕の心は限界を超えて、悔しさと悲しさから夜に泣きながら黙って祖父母の家を出て行きました。数時間後、姉から携帯電話がかかってきました。姉は「何で出て行ったの？　おじいちゃんとおばあちゃんびっくりしてたよ。お姉ちゃんが良いように言っといてあげたから、お姉ちゃんの所に来たらいいよ」と言いました。僕は、僕に対してあれだけひどいことを言っていた祖父母自身にその自覚がないことに驚きと失望を感じながら、姉が住んでいる一人暮らしのアパートに行くことにしました。

〈振り返り〉

当時の僕を振り返って一番辛かったことは、家族や親族でさえも僕のことを分かってくれないことでした。そしてその大きな原因の一つが、僕自身のコミュニケーション能力の低さからくるものでした。ただ、生活リズムが崩れ、体力も落ちて気力もなくなり、自信もない状態ではそれも仕方のないことだと思います。それでも必死に現状を維持しようとして、誰からも逃避したいのに自分一人の力では生きていけず、誰かに依存しないと生きることができない。そういう矛盾と葛藤が頭の中を支配しながら現実は悪くなる一方でした。

ひきこもり生活　六ヶ月半～七ヶ月半後の話

姉は僕に自分が寝ていたベッドとお金を与えてくれました。そして、「食べ物屋や銭湯もアパートの近くにあるから渡したお金を使って行ったら良いよ」と言ってくれました。また姉は、「お母さんからあなた（TAKU）の面倒が見られなくて助けてほしいと言われたから引き受けることにした」ということも言っていました。この姉の最後に言われた言葉に僕は内心では傷付きながらも、今の自分には姉の世話になるしか方法がないという妥協した気持ちもあって我慢していました。

姉は普段から仕事でとても多忙な生活をしており、僕と同じように職場の人間関係で悩むこともありながら、更にこの時期は自分の結婚式の準備も重なっていた為、僕を引き受ける余裕はなかったように思います。それでも僕の身を案じて引き受けてくれた優しさを今の僕なら心から感じ取ることができます。しかし、当時の僕はそんな優しさを感じ取れる心の余裕はありませんでした。そして、僕の性格（こだわり）の一つのお金の節約癖と、鬱症状の一つである対人恐怖と無気力症状が次第に過剰になっていき、一人で外食できたのは一度だけで、その他は（アパート内に飲み物や食料はほとんどなかった為）どんなに空腹でも喉が渇いても、布団の中で耐えることしかできない生活をしていました。それと同時に自傷行為(精神薬などの多量服用)の影響による連続的なしゃっくりで胃酸が時折逆流してきて、息ができないほどの苦しさと喉の痛みによる不快感にも必死に耐えていました。
数週間後、どんどん症状が悪化していく僕に姉は「職場の人やお客さんに弟が良くなるための精神病院を聞いて回って、おすすめの病院を教えてもらったから一緒に行こう」と言いました。僕は誰の目に触れられるのも知られるのも怖くて逃げて耐えることしかできない状態だった為、この姉の行動と言葉はそんな僕の気持ちを無視したものだと感じて、とても傷付きました。ただこれが本当に僕に残された最後の望みとして、普段の僕が活動することのないとても苦痛だった朝の時間帯に、姉と一緒にそのおすすめの病院に限界を超えた状態で行くことにしました。

〈振り返り〉

ここまで苦しい状況になってしまった僕や家族を救う方法は何だったのかと、僕は普段から自分に問いかけています。しかし、その問いかけに対する答えを僕はとても難しく感じています。なぜなら、今の僕なら色んな（自分が成功体験を積み重ねていきやすい自分に合った）方法や対策、専門機関を知っていて活用できているのですが、この時の僕にはそんな情報や知識を活用できる気力がなかったからです。そして、当時の家族も僕と関われる知識も余裕もないように感じられたからです。それでも唯一良かったと思うところを探すなら、このような環境の中でも僕は生きることができたところだと思います。生きることができたからこそ、今の僕は、その痛みを持ち続けながらここまでの状態になってはいけないという気持ちを原動力にして、勇気を持って進んでいけています。それは、こうやって振り返ると何ものにも変えられない貴重な財産の一つだと、今の僕は辛いながらも思うことができています。

vol.7

前回の話の続き

病院に着いた僕と姉は待合室で待つことになりました。その病院は予約制だったのですがとても混んでおり、予約時間を過ぎても待たされ続け、だんだんと疲労がピークになっていきました。当時の僕はこのような〝些細な想定外〟にも対応できない状態になっていました。やっと僕の名前が呼ばれましたが、その前に僕の今の状態を知るために看護師がいくつか僕が言いにくい内面のことを診察室の外で質問してきました。その質問の中で僕が「完璧主義になっている」ということを言うと、看護師は「なるほど。完璧主義なんですね」と言いました。僕はこの看護師の言葉に「あなたの今の状態は、あなたの性格に問題があるからだ」と言われた気がしてとても傷付きました。

その後、診察の時間になりました。僕と姉は診察室に入りました。担当医は僕の記憶では少し不機嫌だったように思います。僕は先生とまともに顔を見て話すことができませんでしたが、しゃっくりが止まらなくて苦しいことや、職場の上司との人間関係で退職して外に出られなくなっているということを話したように記憶しています。その担当医は僕の話を聞きながら不機嫌な様子で「なるほど。よくあることです。では、しゃっくり止めの薬を出しておきます。それと、あなたの症状はあなたのような青少年に誰にでもある症状です。甘えないでください」ときっぱりとした口調で言いました。

その言葉を言われた時の僕が受けた、地獄に突き落とされるような、わずかに残された最後の希望や期待が一気に絶望へと変わっていった衝撃は今でも忘れることができません。助けを求めるように隣にいた姉を見ると、ニコニコした表情を浮かべていました。

診察後、僕は姉に泣きながら「もう終わりや」と言ってアパートに戻りました。姉は仕事がある為、僕についていることができませんでした。帰り道、僕は本当に死のうと思ってコンビニでカッターナイフを買っていきました。そして、アパートに戻って死のうとしましたができずに、疲れの為眠りました。

姉が帰ると僕に「心配してあれから何度も仕事でミスをした」と言いました。その姉の訴えに僕は何も対応できずに「何で診察の時、ニコニコしてたんや？」と聞くと、姉は「だって分からないから」と言っていました。次の日、僕は少し気力が回復したので再び死のうとしましたができずに、その葛藤や怒りを姉のベッドや壁にぶつけて、アパートから出て行きました。

〈振り返り（当時の僕や姉にしてほしかった行動や方法）〉

十二年前のこの出来事は、もしかしたら長い時間の中で僕自身が自分に都合の良いように解釈した記憶なのかもしれません。しかし、その時の僕自身は確かに通院先の看護師や担当医の言葉で大きな心の傷を受けていました。この出来事がきっかけで、その後（ひきこもりから脱した後）の診察や面談の時は

①事前に落ち着いた時間と場所で今の自分の心境や状況、要望などをメモに書き出す
②その紙を一枚コピーして面談前に相手に渡す
③お互いにそれを見ながら会話をする

という方法をとるようになりました。この方法は僕自身の気持ちが安定していて、自分の障害や病気の特徴を認識できるようになっていく過程で使うようになったものであり、極度の緊張や不安、自意識過剰な状態、相手への高すぎる期待を低くする為のものです。また、他にもこの方法を試してほしかった大きな理由は、精神病院などの通院先のほとんどは、待合の患者であふれて忙しく慌ただしい環境だと思うからです。患者は僕のように限界まで我慢して悪化した意思疎通が取りにくい状態で通院する人

もいます。看護師と担当医はそのような患者をおそらく何人も相手にして、短い時間で患者の状態と対策を正確に導き出さなくてはいけません。僕自身の見解ではそれはとても困難な作業です。

「病気だから、自分で何とかできないから病院に行く」のだと思うのですが、精神的なものに限って言えば、僕は上記のような患者や家族の事前の準備で、診察や、面談の質や効果がかなり変わっていくと考えています。実際にその準備による良い効果が成功体験となって、僕は自分に少しずつ自信が持てるようにもなってきました。その自信が鬱病などの治療には一番の薬だと考えています。

当時の姉へ言いたいことは、「本当に申し訳ないことをしてしまったな」ということです。それと同時に当時の姉(家族)に少しでも負担を減らしてもらうために、今の僕が振り返る中でしてもらいたかったことを提案していきます。

まずは姉自身が精神病院に行き、できれば、僕に確認を取ってから僕のことを話してほしかったです。その時間がないようなら、近くの保健センターなどに電話で相談して、アドバイスや注意点を聞いてもらいたかったし、その上で僕へのアプローチを試してほしかったです。それにより、僕への関わり方の見通しが分かってくるので、それだけでもだいぶ精神的な負担が減るように思います。

今（当時から十二年後）の僕と姉との関係

姉とは今では時折、電話で話をすることや、姉夫婦の経営している料理店に客として行き、楽しい時間を過ごせています。姉は今も僕のことを「大切な私の弟」だと言ってくれています。僕も姉のことを「大切な姉」だと思うことができています。当時のことは現在も姉に話すことができません。でも、今はそれでも良いと考えています。

vol.8

前書き

ここからの話で僕はひきこもりから脱する行動をしていきます。ただ、その内容は決して人におすすめできません。それでも事実として確かに起きた出来事なので、ゆっくりと思い出しながら書いていこうと思います。

1
明けない空はない
TAKU

ひきこもり生活　七ヶ月半後〜八ヶ月後の話

祖父母からも姉からも自分としては〝状況が悪化する対応〟をされたので（でも、お腹は減っていたので）、僕は再び生きていく本能に従って実家に戻りました。そして、実家の散らかった台所にあった残り物の野菜スープを必死に食べていました。実家にいた母はその物音に気付いて、野菜スープを食べている僕を見ながら「帰ったんか…」と言いました。その母の声と表情は、僕に対する気遣いと共に、身も心も疲れ果てた心境が合わさっていました。この時、僕の二人の妹は一人暮らしを始めており、父親は変わらず仕事中心の生活でした。このような家族一人ひとりの〝守るべき生活や環境〟を感じ取った僕は、もう僕自身の（今の地獄のような）状況が良くなることは決してないんだな、家族全員にも迷惑をかけ続けるだけなんだな、と思いました。そして、これらのことを母の姿を見たことで、全てが分かった気になりました。

この状況を唯一脱するには死ぬことしか思い浮かばなかったのですが、僕にはその勇気がありませんでした。また、本当は（可能であれば）生きたいと思っていました。そして僕が生きる為には〝誰かに認めてもらうこと〟しかありませんでした。僕が一番認めてほしかった人は、僕を人前で何度も厳しく注意した元職場の上司でした。しかし、僕にはその上司と意思疎通する勇気も方法も助けも知恵もなく、自分の中の溜まりに溜まった怒りや悲しみ、不安や苦しみといった感情に耐えるのにも限界を超えていました。

実家に帰って数日後、僕はやっと前向きに自分の意志で考えて積極的な行動をしようと思いました。厳密には、元職場の上司に自分の存在を分かってもらう行動をしようと思いました。たとえそれが社会のルールに反する行動であったとしても。（注：以下は犯罪行為ですが原文のまま掲載します）

まず、夜中に刑事ドラマを参考にして、身元がバレないように妹の靴を履いて帽子をかぶり、バイクで前の職場（住宅街の中に建てられた周囲の家の倍くらいの広さの建物）に行きました。その途中、実家のストーブの灯油タンクにガソリンスタンドで灯油を補給しました。職場に着くと、まだ持っていた職場の鍵を使って忍び込んで、室内のクッションに灯油を全部かけてチャッカマンで火を付けました。そして、火が燃えるのを確認せずに、再び鍵を閉めて職場から出て行きました。これらのことを自分の心のままに行いました。

ここまでの僕は、罪の意識よりもやっと自分なりにやりたいことができて自分の思った通りの結果を得られたことによる充実した気持ちと、生きている実感を強く感じていました。帰る途中安心した為かお腹が減ったので、営業中の飲食店に入りご飯を食べました。ご飯を食べている時、消防車の音と姿を見たので火は消されたのかなと思いました。飲食店から出る頃には外は明るくなっており、適度な疲労を感じながら家に帰りました。その途中、職場の鍵は道端に捨てました。家に帰ると他にすることもないので、眠りにつきました。

この出来事からしばらく時間がたって気付いたことは、僕が罪を犯してまで自己主張しても、自分自身が抱える問題や環境は何も変わっていないという事実でした。その為、すぐに強い不快感が再び出てきました。しかし、もう僕にとってその不快感を解消する手段は罪を繰り返すことしかありませんでした。罪を犯してから数日後の夜、再び職場に火を付けに行きました。しかし、職場の建物はセキュリティー会社に入るなどの防犯をしていました。それにより抑止力が働きましたが、不快な感情を何とかしたかったので、職場の公用車のタイヤに数か所穴を空けて気分転換しました。それでも、家に帰ってしばらくすると不快感はすぐにやってきました。

その数週間後、母は僕の代わりに職場の上司に（あなたのせいで息子は苦しんでいる、という内容の）電話をしていました。その時の母からの話では、電話口の上司はとても穏やかな口調で丁寧な対応をしていたようです。その対応に母は、僕が母に話していた上司のイメージとかなり違ったことからとても驚いていたようでした。

〈振り返り〉

もう、この時の僕の心と体を支える行動は罪を犯すことしかありませんでした。しかし、根本的な解決からは程遠かった為、決して満たされることはありませんでした。もし、職場の建物が防犯をしていなければ、犯行は更にエスカレートしていたと思います。また、この時の両親は僕がいつ何をしているのかを把握できていない様子だったように思います。それほどに当時の僕は〝ひきこもって〟いました。もし、罪を犯す前に上司に電話できていれば僕の心は少なからず満たされていたのかもしれません。しかし、僕に対して、上司が母と同様の丁寧な対応をしてくれる保証も確証もない状況で、そのような選択をすることはありえませんでした。やはり当時の何の解決や解消の糸口もない状況では（社会や世間に対して申し訳ないことなのですが）、この方法しか僕を支える行動はありませんでした。

vol.9

前書き

ここからの話は、僕が大きな罪を犯してから強制的に公的な機関のお世話になった話になるので、この投稿文に詳しく書くべきかどうか少し悩みました。なぜなら、僕は「罪を犯さなくてもひきこもりからは脱せられる。希望はある」ということを示していきたいからです。しかし、僕はこの出来事の中にひきこもりから逃れたくても逃れられない状況を脱する〝基本的なことがある〟と確信しているので、極力そのような部分も書いていければと考えています。

ひきこもった日から　八ヶ月後～九ヶ月後の話

職場の車のタイヤに穴を空けるという二回目の罪を犯してからの僕は、変わらず実家で無意味な昼夜逆転の生活を送っていました。もう自分一人ではこの苦しみをどうすることもできずに、頼るべき人も機関も何もなく、罪の意識さえも徐々になくなろうとしていました。

そんなある日の昼頃、実家のチャイムを鳴らす音がしました。僕はリビングで寝ていましたが、その音で起きて玄関のドアを空けました。そこには大人の男性二人が立っていました。そして、玄関に入ってきて、その一人（以降、Sさん）が僕に「〇〇署のものやけど同行をお願いできますか？」と言いました。僕は最初その言葉の意味を理解できませんでしたが、次第にその場の雰囲気から状況が分かってきました。また、仕事が休みだった父が自室から出てきて「どうしたんや？」と僕に聞いてきました。僕は「少し前に家の近くでたき火をした」と答えました。父は驚いた様子でした。僕は髭を剃っていないことに気が付いてSさんに「髭を剃りたいんですけど…」と言いました。父は事態を察した為か僕に「すぐに行きなさい」と言いました。僕はその通りにして男性二人についていきました。そして、家の前に止められた普通車の後部座席に乗り、出発しました。隣に座っていたSさんが真剣な表情で僕に「何やったか分かってるか？」と言いました。僕は「家の近くでたき火をしました」と嘘を言いました。Sさんは無言でした。

僕が警察署に着いて案内された部屋で最初に行ったのは椅子型の嘘発見器に座って、担当の男性に僕が犯した事件に関する様々な質問に答えることでした。僕は事件の質問の前に練習で行われた質問で、僕の心理を即答で担当者に言い当てられ、「嘘はつけないな」と思いました。また、昼夜逆転で体力も気力も衰えていたので、この作業はとても疲れました。

全ての質問に答え終えてから、僕はSさんの案内で取調室に入りました。一緒にSさんの部下と思われる人も入ってきました。椅子に座った僕にSさんが「放火したんか？」と言いました。僕は「はい」と答えました。それを聞いたSさんは部下に、僕の両親に連絡するように指示をしました。その後、Sさんは時計を見ながら「〇〇時〇〇分、被疑者逮捕」と言って僕に一度手錠をしてから、すぐに外してくれました。その後、Sさんは僕に穏やかな表情で「よく言ってくれたな」と言いました。僕はSさんの優しい表情と言葉にたとえそれが業務上の対応や言葉だったとしても、久しぶりに人から認めてもらえた気がして泣いてしまいました。

正式に逮捕されてからSさんに「今日のところはもう休んだら良い」と言われ、手錠を付けてもらって、複数の分厚い施錠式の扉を通過し、同じ署内にある拘置所に行きました。拘置所の間取りは長い通路に面して房（部屋）が並んでいて、僕は真ん中あたりの房に案内されました。その近くには看守さん達が座って、待機や監視をするスペースがありました。扉の前で手錠を外してもらい中に入ると、房内には初老の老人と眼鏡をかけた若い男の人がいました。房に入る頃にはもう夕食の時間になっており、房の小口から人数分のご飯が看守さんによって運ばれてきました。久しぶりに規則正しい時間に食べるまともなご飯でした。目の前には分厚くて、隙間には針金が何重にも編み込まれた白っぽい色の鉄格子。冷暖房の効いた快適な空間。僕はこの（脱走する気持ちを根本から起こさせない）万全の設備と安定した生活が保障されている恵まれた環境に心から安心しました。ご飯を食べ終わりしばらくすると、もうあっという間に寝る時間がきていました。あんなに苦しんだ不眠症は自然と治っており、すぐに眠ることができました。ここまでが僕が逮捕された日の一日目の出来事です。

〈振り返り（ひきこもりから脱するために僕が必要だと思ったこと）〉

〝しっかりとした時間や温度管理、食事が保障された生活〟

心と体がとても不安定な時期だった僕にとって、これらの規則正しい生活は心からの落ち着きと安らぎが得られるという意味で、天国そのものでした。また僕が犯した罪からとはいえ、外部の第三者が自宅に強制的に介入してきてくれたことにより、僕はひきこもりから抜け出すことができました。この最終手段に移行する前に、何とか信頼できる（困った時や苦しい時に頼ることができる）場所や他者に出会うことができれば良かったなと思います。

心の孤独と枯渇は、より良く生きようとする気力を奪います。ただ、それでも本当に最後の望みとして体の安定と満足感が得られる生活や気持ちを本人や家族が持ち続けることが、ひきこもりから脱するために僕が必要だと思ったことの一つです。

vol.10

前書き

今回の話では、僕が拘置所で経験した生活をできる限り書いてみました。その中には前回と同様に、今の僕自身が自立して生活していく上で基盤となっている習慣や考え方もあったので、少しでも多くの人の役に立つことができればなという気持ちで、書かせてもらいます。

ひきこもった日から　九ヶ月後〜十一ヶ月半後の話

「起床！」という看守さんのその声と共に電気が点いて拘置所の朝が始まります。そして、端の房から順番に外に出て布団を片付けに行きます。拘置所での生活は基本的にパターンが決まっており、起床後は、朝食↓房から出て、数房の人達と看守さんと外の空気を吸える場所に行く↓昼食↓夕食↓就寝、といった流れで、その間の↓の部分は取り調べや面会、房内の人との会話や入浴、本・雑誌を読む、自主筋トレ、といった時間でした。これらの時間は充実感が得られると同時に時が止まったようなのんびりとした時間でした。あんなにゆっくりと落ち着いた環境で本や雑誌を読むことは生まれて初めての経験でした。同じ房内外の人とは最初は話せませんでしたが、次第に打ち解けられるようにもなっていきました。そして、人との関わりの中で徐々に精神的な活力や安らぎも得られるようになっていきました。

僕の取り調べを担当してくれたSさんから「辞めた会社にいた（一年半前の）時よりもだいぶ痩せたんやな」と言われました。僕自身、ひきこもっていた時はまともな食生活を送れていなかったこともあり、想像以上に僕の体は痩せ衰えていました。これらのことは他人に言われるまでは気付くことができませんでした。

Sさんは僕が起こした事件の内容を過激に表現した調書を書いていた印象でした。その為、最初は不信や不満もありましたが、Sさんは僕の話をしっかりと聴いてくれていたので、次第にその作業を肯定的に受け入られるようになっていきました。

一度、科捜研にSさんや付き添いの人達と一緒に行く機会がありました。そこでは、僕の犯行を、現場に近い素材の床や犯行に使った灯油やチャッカマンを使って目の前で再現することが行われました。そして、そこで初めて知ったのは、現場の床は〝元々燃えにくい素材〟を使っていたということでした。それでも、いざ実際の事件のように担当者が灯油を現場に全部かけて火を付けると黒煙がすごい勢いで立ちのぼり、火の量も相当でした。それを見た僕は気分が悪くなり、その後予定していた取り調べを受けることができずに房内で休ませてもらいました。これらのことをして振返ること（実際に起きたことを客観的に目で見て、把握すること）で僕は真相を冷静に把握することができたのだと思いました。

房内は三人程が収容できる仕組みで、僕の房内の人は同年代の人が多く（その中でも僕は長期の間、拘留されていたので）、合計五人の人達と生活を共にしました。僕は聞き役が多く（刺激も得られて）、よく笑っていました。ただ、僕自身も話がしたくて（雑談は苦手だったので）、「職場の上司にいじめられたから事件を起こした」と悩み事を言うと、「その上司の対応は、いじめじゃない」

と誰も理解してくれる人はいませんでした。

心を打ち明けられる人だと思って悩み事を話しても、誰も僕のことを理解してくれない。僕の気持ちや訴えを否定や批判し、見当違いな対応をされ、強い後悔と疎外感だけが残って誰も信じられなくなる。

これらの経験は、僕が事件を起こすまでの社会で味わった地獄へと続くだろう経験そのものでした。次第に同じ房内の人達との関係も不穏なものとなっていきました。今までは諦めて我慢することしかできなかった状況。しかし、この時の僕は心の奥底では実現することを求めていた〝できる限りの健全な方法〟を選択しました。

房での日程の一つである外の空気を吸いに行く（同じ房内の人が他の場所に移動する）時間帯に看守さんを呼び止めて、僕は泣きながら言いました。「僕を殴ってください。僕がこんなんだから…。こんなんだから事件を起こしてしまったんです。僕を殴ってください」看守さんは僕の話を聞いてから、穏やかで真剣な声と表情で「君を殴ることはできない。でも、何かあればこれからも僕に話をしてほしい」と言いました。その後、僕が今の房内の人との関係があまり良くないことを伝えると、看守さんは僕を一時的に個室の房に移らせてくれました。その後、同じ房内の人も僕に気を使ってくれるようになりました。看守さんから後から聞いた話では、僕が悩みを打ち明けるまで房内の人達とは良い関係だと思っていたとのことでした。

〈振り返り（ひきこもりから脱して自立する為に僕が必要だと思ったこと）〉

①自分を救う為に他者に助けを求めることができた経験
②その訴えに的確に対処してくれた人の存在
③人に自らの心の内を話すこと
④人との意思疎通により、お互いの関係を良好に保つこと

これらのことはコミュニケーションの基本であり、今でも僕自身すごく苦労してしまうことです。間違いや失敗、傷付くこともあります。それでも、その経験から学んで勇気を出してできる限りの力で踏み出した言葉や行動は、成功の体験となる可能性も秘めています。

そのような経験をこれからも僕はたとえ遠回りでも一つずつ重ねていこうと考えています。

vol.11

前書き

自分の人生で一番のどん底の経験を投稿という形で伝えていくことが、こんなにも大変な作業であるのかと、後々になって気付かされました。もう書くことができないかなと何度も思ったのですが、あと少しだと感じているので、自分のペースで負荷の少ない文章を空いた時間に書いていければと思います。

ひきこもった日から　十一ヶ月半後〜一年半後の話

前回の話から二ヶ月ほどで僕は拘置所から実家に帰ることができました。理由は運よく〝未遂〟ですんだということと、父親が勤めていた会社ですぐに働ける準備が整っていたから等がありました。

父が勤める会社に勤務すると同時に、辞めて事件を起こした職場の紹介で、その後十二年たった今もお世話になっている精神科の先生に出会うことができました。最初の診察の時、僕は心身が回復していたので、一緒についてきた両親が驚くほど自分の気持ちをはっきり先生に伝えることができていました。全て拘置所生活のお陰でした。そして、先生からこの時初めて僕に発達障害があること、この障害は日本男性の平均身長のようなもので、僕はたまたま平均とは違うだけということを教えていただきました。また、もっと障害が重い人にはダ・ビンチやビル・ゲイツというような有名な人がいる事実などから、障害に対する前向きな情報を教えてくださいました。僕はこの「前向きな告知」を受けて、自分を責める気持ちから初めて解放され、心の底から安心しました。この十二年前の出来事から僕の心の成長がスタートしました。

両親は僕が帰ってきてからも、僕の生活リズムや食事を考えて管理する余裕はなく、ご飯は自分で拘置所生活の品目を真似て用意しました（少しでも良かった経験を忘れない為に）。父からの紹介の工場は場所が遠かったのと、誰にも悩みの相談ができなかったので、数ヶ月で辞めました。

辞めた後考えたことは、やはり拘置所生活での安らぎの時間でした。しかし、拘置所に行く前の地獄のような人生のどん底には落ちてはいけない。落ちることは確実に死ぬことを意味する。そんな気持ちがいつの間にか僕の深層心理に深く刻みこまれており、それこそ死ぬ気で前に進む道を選択しました。

まず、学生時代にアルバイトをしていた京都の介護ヘルパーの仕事に再び就きました。それと同時に、通院先の病院に置いてある冊子などを頼りに、地元の地域生活支援センター（以後、支援センター）や相談機関に電話して足を運ぶことや、紹介してもらうこと（自分に合う社会資源の開拓）を続けていきました。そして、週に一回の定期的なペースで支援センターに面談を受けに行きました。ひきこもりで悪化させた鬱病がまだ治っておらず、朝が弱く面談に遅刻したり休んだりしながらも何とか支援センターに行き、日々の気持ちを整理させることに努めました。そして、徐々に自分の気持ちを事前に紙にまとめてカウンセラーさんに見てもらい、それをもとに質問してもらうと面談の質が上がることも分かってきました（「明けない空はない」Ｖｏｌ．７の後半参照）。

そんな生活から数ヶ月後、実家での生活が自分にとっては良くないという考えと、両親に支えられているということへの後ろめたい気持ち、そして何より環境を変えたい（自分を変えたい）という気持ちから、一人暮らしをすることを決心しました。ただ、不安も強かったので、その旨を精神科の先生に相談すると「それは良いですね」と力強く言ってくれました。この先生の言葉で僕は安心と自信を持って一人暮らしをする準備を進めていきました。アパートは最初からある程度の家具がそろっている物件にしました。そして、全ての準備ができても最後の最後まで実家を出るのを迷っていた僕に母は「あなたがいると苦しいので世話はできない」とはっきり言ってくれました。僕は母が苦しいのも分かっていたので、その言葉を前向きに受け取り、一人暮らしをスタートさせました。暮らしの中で困ることがあると、アパートの管理センターの人に勇気を持って電話相談して一つひとつ解決していきました。

その他にも人間関係等で生じた自分では抱えきれない悩みは、保健センターの無料電話相談やいのちの電話等により解消させていきました。その中で、自分の気持ちを整理させて分かりやすく相手に伝えていく方法を学んでいきました。電話するのは精神がギリギリな時が多く勇気のいる作業でしたが、「この経験を他の僕のように困っている人の為に役立てよう。自分を実験台にしよう」と思うと実行することができました。

あとがき

これが僕のひきこもりとそこから脱した頃の出来事です。今も一人暮らしは続いています。母とは時々電話で話したり、父とも一緒に外食したりしています。たまに実家にも帰っています。今は必要な時に関われる支援や出会いを大切にしようと思っています。

ここに書かれているのは、ほんの一例です。ですが、確かにあった一例です。この文章から何か少しでも心が自由になるヒントを見つけてもらえれば幸いです。

終わり

（毎月発行のニュースレター『ＡＲＵマガジン』２０１７年６月№１０４〜２０１８年６月№１１６連載より）

2 悪循環の中でもがいて

26歳・男性

改めて過去を振り返る機会をいただき、よいきっかけになるのではないかと思い、お受け致しました。記憶が不正確であったり、私個人の立場での見解や推測が含まれたりするかと思いますので、その点はご了承ください。

私が記憶している限りまでさかのぼると、小学校の中学年あたりまでは、おおむね楽しく過ごせていたかと思います。家族との関係もそれほど悪くはなく、楽しかった思い出もあります。ただし緊張しやすく、幼稚園のお遊戯会ではそれが強いあまりなかなか舞台に出られず、泣いてしまったことがあったのをおぼろげに覚えています。

小学校に進学してからも、人一倍緊張しやすいのは変わらず、意識しすぎないようにはしていましたが、人前に出るのは苦手でした。その他にも偏食の傾向があり、小学校で出される給食が食べられずに残してしまい、担任の先生に昼休みも残って食べるようにと言われることもしばしばありました。また靴下やマフラーなどの体に触れるものに対しても嫌悪感を覚えることがありました。これらのことから味覚や触覚などが過敏なのだろうと考えられます。

当時の私にはそんなことはわかりませんでしたし、親からしても困惑してしまうことだったようです。そういった身体的な問題でありながら、他人にはわかりにくく理解もされにくいことは、私が挙げたような問題に限らず、生きづらさを感じる要因になりがちなのではないかと私は思っています。その他にも忘れ物が多く、家族に渡すべき書類を渡さなかったりと、注意散漫になる傾向もありました。

人間関係においてもつらいことがなかったわけではありませんでした。小学校低学年の頃に友人になったある子と小学校高学年になってからまた同じクラスになり、接触することが増えました。仮にA君と呼称しますが、そのA君は低学年の頃より自己中心的な傾向が強まっており、それに振り回されて困ったことを覚えています。私が自分の思っていることを言うのが苦手だったことも災いし、はっきりと関係を断れぬまま時が過ぎていきました。

嫌がるそぶりを見せると脅すようなことを言われたこともあります。A君の意のままになる都合のいい相手だと認識されてしまったのか、同じ塾に通うようになったことも手伝って、余計に一緒に過ごすことが増えていきました。下校時に私の家とは違うA君の家の方向に途中まで付き合わされたり、塾に行く前にA君の家に行ってから一緒に向かうことになったりと、前述の通り振り回されました。

今になって思えば、中学生の時にも同じようなことが起きていたのだとわかります。A君と同じくクラスメイトで同じ塾に通っていた女子とA君が一緒になって、からかってくることも頻繁にありました。からかう程度ならまだ許容できても、度が過ぎるとつらいものです。自分ではコントロールしきれないような、例えば外見のことでもよくからかわれたため、劣等感として意識させられるようになりました。


通っていた塾でも少なからず嫌なことはありました。妙に突っかかってくる子がいたり、最初は親切だったのに後から急に高圧的な態度に変わってしまう子がいたりと、私にはそういう人に目を付けられるような雰囲気があるのだろうかと悩みました。似たようなことは小学校でも起こり、私より下の学年の子に軽んじるような態度をとられて、悲しみや怒りを覚えました。

塾に関しては両親も地元の中学校の評判やゆとり教育の施行などの心配事があって、私に通うことをすすめたようでした。当時の私には特にしたいことがありませんでしたし、通ったこと自体が悪かったとは思っていません。そうしていなければどうなっていたかなど誰にもわかりません。しかし私の気持ちが置いていかれていたのも確かで、主体的ではなかったため、中学校での経験を踏まえると、後悔がなかったと言えば嘘になります。

2

悪循環の中で

もがいて

二六歳・男性

中学校

なんとか志望校に合格し、中学校には進学できたものの、内向的な傾向が強まっていて、知り合いの子もいなかったので、友人ができない時期が数か月ありました。だんだんと友人ができてきてからも、小学校の頃とは雰囲気が違っていて、戸惑いを感じた覚えがあります。そういう年頃だったからなのか、クラスの人数などの環境が大きく変わったからなのか、私にはよくわかりません。ただ私にとって大きかったのは、クラスには支配的な人物がいたことでした。

その人の気に障るといじめられてしまうのに、小学校の時の子と同じように一緒にいることが多くなったのです。言うことを聞く相手がほしかったのか、自己主張ができない私がその標的にされ、私は半ばその人のお付きのような関係になっていきました。仮にB君と呼称しますが、B君の出席番号が私の後ろの番号だったことも大きかったのでしょう。さらにもう一人、私の前の番号だった人も同じように機嫌を損ねると、二人が共同で無視や嫌がらせをしてくるので、そうならないように二人の顔色をうかがうようになっていきました。授業での席も近く、グループ分けでも何かと一緒になるので、二人に挟まれたままずっと気をつかい続けるのはつらかったです。

いじめられている時に他の友人のところに行くのは巻き込んでしまう気もしましたし、かばってもらえるような深い関係を築けていないだろうということから拒絶されるのも怖くて、二人の機嫌が直るまでは縮こまって、気に障らないようにしていました。

中学二年生に進級すると、クラスが変わりその二人とは違うクラスになりました。それは良かったものの、同級生に気をつかう接し方を続けてきたからか、初めて接する同級生とどう接していいのかわからず、いつの間にか心を開けなくなっていました。友人がなかなかできないまま時間が過ぎ、一年生の頃と同じようなクラス内での支配的な人物に目を付けられるようになりました。一年生の時の人間関係をさらに悪化させたようなものになり、その支配的な人の言うことはなるべく聞いていました。仮にC君と呼称しますが、C君の気に障ったことで、クラス内である人が無視されるようになったことも私の恐怖を膨らませました。私は部活動をする元気も失っていたため、活動はしていませんでしたが、C君の部活動が終わるまで待たされて、それからコンビニに行って一休みをしてから帰るというのがお決まりになっていました。しかも帰路についてからも私の降りる駅を通りすぎて、C君が降りる駅まで付き合わされてから、折り返して帰るという帰宅するころにはとても遅くなる帰り方をしていました。

両親は心配していたからなのでしょうが、帰ると疲れているのに怒られるといううんざりするような毎日でした。いじめのことも同様ですが、両親との信頼関係が不十分で、説明したところで当時の両親の対応では現状を悪化させるだけになりかねないという予感や、こんな情けないことを言うのは恥ずかしいという気持ちもあったため、言うことができませんでした。C君の帰りに付き合わされなかった日でも、帰ると疲れ果ててすぐに寝てしまうことも多くなりました。それが生活のリズムも乱れさせていたのでしょう。いじめられてはいなくても、学校にいる間ずっと気を張り続けるのは異常に体力を消耗しました。修学旅行では緊張のためか食事をほとんどとれなくなり、とても困りました。

ある日、C君とC君の部活動のメンバーと一緒に昼食をとるためにお店に入ることになりました。食事はできないとわかっていても、C君相手に断ることもできません。案の定、注文できなかった私は親しいとは言い難い同級生の部活動の人たちに白い目で見られ、お店の人にも悪い気がして生きた心地がしませんでした。食事がとれなくなってしまったのは、体からの警告のサインだったのでしょうが、私は気付くことができなかったのです。それでも漠然と死にたいと思う頻度は増えていきました。

一年生の時のB君と二年生の時のC君の二人が表面的とはいえ結びつきを強めたことも、私にとってはつらいことでした。どちらにとっても都合のいい人間だった私は、いわゆるパシリになることがありました。他のクラスで発言力のある人のために、ゲームを買いに行くようにと言われて、何件もお店を回ったこともありました。同級生にこんな接し方をしていると、他にも見下すような態度をとってくる人が出てきますし、私からしても人によって態度を変えすぎるのはどうなのかという気持ちがあり、どんどんと同級生に対して腰の低い態度をとるようになっていきました。それは三年生になってからも対等に接することができず、自分の気持ちを押し殺すことに繋がりました。

中学三年生に進級してからは、見下すような態度をとる人や馬鹿にしてくる人はいましたが、これまでほど振り回してくるような人はいませんでした。しかし友人を作れるような状態ではなく、今まで以上に友人ができなかったので、孤立しがちになりました。一年生の頃や二年生の頃は振り回される代わりに、親しいかはともかくB君やC君の周りにいる人たちと一緒にいることが多く、孤独感を覚えることは少なかったのです。それが少なからず拒否しにくい一因にはなっていました。共依存と似たような関係だったのかもしれません。

中学三年生では仲良くしようとしてくれるクラスメイトもいました。私も仲良くしたいと思っているのに、それができずに一定の距離を置いた接し方をしてしまいました。もうしたくてもできなくなっていたのです。その自分の気持ちとの落差によるもどかしさはつらかったです。この頃には母が作ってくれたお弁当を食べることすら難しくなっていました。他のクラスの子に急に腹部を殴られたこともあります。それほどまでに弱々しい雰囲気を出していたのかもしれません。勉強も運動もする気力はなく、あらゆる面で同級生に劣ってしまった自分に自信を失っていました。酷くいじめられることはなんとか回避できても、そのために犠牲にしたものは多く、悪循環におちいる一方だったのです。

私を振り回すような人はクラス内での影響力や発言力が強く、容姿や外見も優れていて、生まれつきの差を感じて私は何故こんなに惨めなのだろうかと思うこともありました。元から優れていればこんな目にも合わず、我慢することもなかったのではないかと思うと悲しかったです。遺伝や発達障害にも関わることですが、妥当ではなくともそういった面も含めて、親への恨みがましい気持ちが募ってしまったのかもしれません。誰にも相談できないまま、真綿で首を絞められるような日々を我慢し続けた結果、ある日それが唐突に崩れました。

その日はいつも通り地下鉄の電車に乗って通学している途中でした。最初は違和感程度でしたが、だんだんとそれが大きくなっていき、嘔吐感を覚えました。同時に過呼吸を起こし頭が真っ白になり、訳のわからないまま立っていられずに座りこみました。嘔吐するのを堪えながら電車を降り、階段を上がっていき地上に出て、近くの街路樹で耐えきれず嘔吐しました。

大して出ないのに強烈なもので、それが今でも記憶に強烈に刻みこまれているようです。特に公共の交通機関が苦手になり、今までに感じたことのないほどの異常な恐怖や不安、嘔吐感が襲ってくるので、どこかに出かけることも非常に困難になりました。それらの苦しみに耐えようとするとどうしても挙動不審になります。その自分の姿が周りにどう見えるのか、不審に見えないかなどということが怖くて仕方がなく、交通機関を利用する前から予期不安が起こるのです。理解を得られずに気持ち悪がられたり嘲笑されたりするかもしれないという想像が、したくなくとも浮かんで離れません。誰かを気にし続けたからこうなったのかもしれません。

その日の学校の保健室では胃薬をいただきましたが、効くはずもなくずっと胃がむかむかしていました。それからも何度か学校には行こうとしました。あの日のことは気のせいだと言い聞かせても、駅に近づくにつれ強烈な恐怖が襲い、息苦しくて仕方がありませんでした。生きた心地のしないその感覚ばかりは、同じ経験をした人にしかわからない感覚なのでしょう。なかなか理解を得られず苦労することがあります。

一度学校に着いたはいいものの教室に居られずに外で待っていたり、授業中も常に気分が悪くて苦しかったりした日がありました。そしてまた別の日に乗り換える前の電車から降りた後、嘔吐感のあまりトイレに駆け込み、嘔吐しました。もう限界だと思った私は母に連絡し、家に帰りました。こうして私は私の身に何が起きてしまったのかさっぱりわからないまま、不登校になってしまったのです。後に「パニック障害」だろうと言われました。病院によっても診断に少し違いがあり、その正体のわかりにくさはつらいものでした。

高校

中学校の三学期はほとんど学校に行くことはできませんでしたが、それまでは通えていたので出席日数は足り、中学校を卒業してそのまま高校にも進学できました。卒業式には出席できなかったので、個別にしていただいたことを覚えています。当時はなんとか通おうとして、高校の入学式には気分の悪さに堪えながら行きました。しかし無理は続かず母と一緒に登校し、別の部屋で過ごすという保健室登校のような形になりました。ただしそれは出席とは認めてもらえず、結果的には留年することとなりました。

同じ学年で二度の留年はできないということで、当時お世話になっていたところの紹介で通信制高校に転入しました。留年や転入は私にとってはとてもつらく、葛藤した出来事でした。私はなんとなく高校に行って、大学を卒業し、就職をするのだろうと思っていました。それが大多数の歩んでいく道なのだとぼんやりと思っていて、自分がそれから外れるとは思ってもみなかったのです。

私には弟がおり、兄なのに弟に先に行かれるだろうという現実や、できることが増えるどころか減る一方であることが受け入れられませんでした。無理をしてでも高校の単位を取り、スクーリングには頑張って行きました。おかげで転入するまでの半年ほどの時間を取り返して三年で卒業できました。

しかしその反動か調子を崩し、何かに所属することができないままつらい時期を過ごすことになりました。良かれと思ってのアドバイスであっても、しっかりと状況や状態を把握して理解していなければ、その時々の私にはそぐわないものになりがちで、私はどう受け取ればいいのか戸惑いました。

惨めな自分と青春を謳歌しているであろう同級生とで比べたくなくとも比べてしまい、非常に苦しみました。周囲の人たちも意識的かどうかはともかく比べがちでしょうし、その自分自身と周りからの重圧がかえって元気を奪うのです。日中は後ろめたさから活動できずに睡眠をとってしまい、深夜のほうが過ごしやすかったため、昼夜逆転になるという悪循環におちいりました。

当初の私には訳がわかりませんでしたし、両親もそうだったのでしょう。母はわからないなりに無理に通わせようとはしませんでしたが、父からは理解を得られているようにはまったく見えませんでした。どうも怠けていると思っていたらしく、のちにそう知りました。関心が薄く、何故私がそうなって今どんな気持ちでいるのかを想像しようとも、知ろうともしないからそう感じたのではないかと思います。

誰も気付かなかったとはいっても不登校になる予兆は出ており、私は家族に対して酷い振る舞いをするようになっていました。中学二年生ごろから弟に対して暴力的な振る舞いをするようになり、学校に通えなくなってからは理解してもらえない苦しみからか、母に対してもそういった振る舞いをするようになりました。罪の意識と同時に自分にこんな恐ろしい面があったのかと怯えました。不登校になってからは、本当に苦しくて頭がどうにかなってしまいそうなときに、公共交通機関に乗ると普通に乗っている人たちが羨ましくて、どうして私がこんな理不尽な目に合うのかと思うと、それが嫉妬や憎しみに変わり、暴れたくなるような衝動を覚えたことがあります。

もう私は狂ってしまったのだと思い、いつも早く死にたいと思っていました。両親にも誰にもわかってもらえず、心は孤独だったのです。理解してほしい、話を聞いてほしいという気持ちは空回りし、親とは口論になるばかりで、心に穴がぽっかりと開いたような感覚が消えませんでした。

家族

弟に対しては度を越えて依存し、暴力的な振る舞い以外にも申し訳のないことをたくさんしました。つらかったとはいえ中学生の頃にされて嫌だったことと同じようなことをしてしまいました。母に対してももちろん申し訳ないと思っていますが、弟には非がなかったのに一方的に苦しみをぶつけてしまいました。その末に弟とは別々に暮らすことになり、話し相手がいなくなったことで孤独感を強く覚えました。

弟に対しては全面的に私が悪いのですが、両親には不登校になる前から問題点がありました。特に父は発達障害の傾向が強く、父自身もそれで苦労したことがいくつもあるようです。父は他人の気持ちを想像したり共感したりする力が乏しく、私にとってもそれはつらいものでした。その父の理解の足りなさのあまり、母に対して私の理解を強く求めてしまいました。

父は私が小学生の頃から怒鳴ることがだんだんと増え、すぐに怒鳴る怖い人だという印象が強くなっていきました。親子の信頼関係が十分に築かれぬまま、中学校のつらい時期にも怒鳴られ続け、不登校になってからの私の酷い振る舞いのせいもあって、父のそうした態度はより悪化していきました。

父は事務的な会話ならともかく、雑談となると苦手なようで、私との会話はほとんどありませんでした。長男だからという思いがあったそうですが、そんな関係性で怒鳴ったところで、私がその通りに動くと思っていたのだとしたら、それは浅慮だと言わざるを得ません。怒鳴る以外にも、父に言われて嫌だったことを嫌だと伝えても、聞き入れずに繰り返すなど、私を一人の人間として尊重してくれているようには見えない行動や言動が多くみられました。そのため、次第に嫌悪や恐怖、不信感を抱くようになっていきました。

もちろん経済的に支えてもらっているのは確かで、それにはとても感謝しています。ただ子供の私に対して感謝を強要したこともあり、父親としてそれでいいのかと私には思わずにはいられませんでした。父が愛してくれていたとしても、愛情を感じることは私にはできませんでした。

母の問題点にも通じるものがあるのですが、父と母の関係性はどこか歪で、私は中学生の頃から自分への違和感と同時に、両親への違和感を覚えるようになりました。両親も私に対して育てにくさを感じていたようです。それは私からしてもそうで、あえておかしな言い方をしますと、育てられにくさを感じていました。

ただでさえ思っていることを伝えるのは苦手なのに、主張しても押さえつけられるという、安心できる居場所があるとは感じにくい家庭でした。愛情や家族の温かさがなかったわけではないのですが、それを感じにくかったのです。私が大きくなればなるほど、そういう温かさを感じる機会は減っていきました。

父には、私が驚くほど一般常識が欠けており、そのためか様々な面で母に依存し、考えもせずに同調することが頻繁に見られます。母に意識が傾くあまり、ただでさえ視野が狭く察することのできない父の姿は、私への関心が薄く見えて、愛してくれているという実感が湧きにくかったです。

父の言動にもたびたびおかしな点があります。父は相手の発言の意図が読めない上に、人の話を聞いていないことが多く、会話がかみ合わないことも頻繁に起こります。母が言っても改善する気があるのかも怪しく、相談事や話し合いをする気にはなれないほどでした。他人から指摘されることもあったらしいのですが、何故か父はそれがわからないようで、事実なのにそれを認めようとしないということを繰り返してきたようです。父は客観的に自分自身を見るということが難しいのでしょう。私がつらい思いをしてからもそうなので、発達障害によるところが大きいのかもしれないとはいえ、うんざりとした気分になることがあります。

私が父のそうした点を指摘すると、母は必要以上に父をかばいます。かばうこと自体を否定する気はありません。ですが度が過ぎることがあるのです。明らかに父に非があっても、それを認める様子のないままにかばい始めた挙句、対処もしてくれませんでした。母は父の味方をするけれども、誰も私の味方をしてくれず、頼ったり相談できる人がいないという恐怖や孤独感を強く覚えました。母の態度は経済的に支えている父への気遣いのつもりだったのでしょうか。

母も父とは心から通じ合っているという感覚は得にくかったようで、父を夫として選んだことには責任を感じていると聞いたことがあります。責任感があるからこそ、父の非を認めることは母自身がしてきたことを否定されるような感覚を覚えたり、父を責める言葉が母にとっては母自身が責められているように感じたりするために、父をかばうのではないかと考えたことがあります。

私としてはまず事実は事実として認めてほしかっただけなのですが、母にはその様子がない上に問題として認識してくれていないように見えたので、父だけでなく母に対しても不満や不信感が膨らみました。両親は口論になることもありませんし、それは一見、円満な家庭に見えるかもしれません。だからといって仲が良いとは限らず、両親がお互いと向き合うことを恐れて言うべきことを言わずにいるから衝突しないだけで、結果的に私の苦しみの訴えを黙殺することに繋がっていました。

母は父のことを誠実で優しい人だとかばいます。誰にでも様々な面があって、それらも確かに父の一面としては存在しているのでしょう。しかし母にはそう見えるように父が振る舞っていただけで、私にはすぐに怒鳴り、父自身のストレスをぶつけるために怒っているように見えていました。私が反論すると黙れと押さえつけられ、酷い言葉を投げかけられることもあったのです。そういう面もあるのに、それを頑なに認めようとしない母にも怒りが募り、いつまでたっても解決しないまま私も引きずり続けました。

過去のことは変えることができません。それでもそれぞれに非のあったところは認めて、謝るなり行動で示すなりしなければ、前に進みません。お互いに過去にけじめをつけて、前に進んでいけることを願っています。

母は父の非だけでなく母自身の非を認めようとしないことがよくありました。母も私のことや日々の生活の中で、苦しみを抱えていたのでしょう。私も私でそれを想像する余裕がなく、特に苦しかった時期には過去の恨みつらみも相まって、罵詈雑言をぶつけて責めました。父とは顔も合わせたくないほど憎んでいましたし、仕事で出かけていて接する機会が少なかった分、母とは同じ時間を過ごすことが多かったのです。

母はヒステリックになりがちで、責めると投げやりには謝るものの、実際には悪いとは思っていなかったり、自分の発言が火に油を注ぐものだとわかっていなかったりして、私もつらかったです。また、改善してほしいところを言おうとすると不機嫌になったり、言ってもヒステリックになり話が通じなくなったりするので、母の「話を聞くから」という発言も嘘に思えました。ヒステリーと同時に自虐的になるので話が成り立ちにくく、しっかりと話し合うということができませんでした。

母は私を罵ったりはしませんでした。そのせいか母は傷つけるような悪口は言っていないのに、何故か責められているという不可解な認識を持っていたらしく、たびたびそう言われました。第三者の前では私たちが悪かったんだというようなことを言うのに、家ではそれと相反することを言うので、他人に悪く思われたくなくて建前でそう言っているだけに見えて、腹が立った覚えがあります。悪口ではなくてもいくらでも人を傷つけることはできます。その時の私の状況や状態にそぐわない一般論を言われて、わかってもらえていないんだと悲しくなることもよくありました。

そして母の結果的に私をあおるような物言いに激昂し、私は暴力的な振る舞いをするようになりました。いくら母にも問題があるといっても、こうなれば私に最も非があります。これは私も本当に申し訳なかったと思っています。怒りをぶつけられて育った故か、他人への怒りが非常に強く攻撃的になってしまいました。理由はあれども許されることではなく、私自身とても罪の意識に苛まれ、自己嫌悪を繰り返しました。弟と母には本当に申し訳なく思っています。

父は、怒鳴ったことの釈明として、自分の両親（私にとっての祖父母）にそう育てられたからだと言うことがありました。父方の祖母は気性が激しく、父は酷いことを言われながら育ったようです。父にも難があったのでしょうが、かんしゃくを起こす割に、人前だとどこか委縮するようなところが父にあるのはそれが関わっているのかもしれません。

祖父母も祖父母で時代背景が苦しかったこともあって、過酷な人生を歩んできたようです。祖父は出兵し、シベリア抑留から日本に帰ってきたころには、結婚相手が祖父は亡くなったと思ってすでに再婚されていたそうです。しかも祖父の両親（私にとっての曽祖父母）が、兄弟の末子である祖父ではなく、戦死された長男が帰ってくればよかったのにと祖父に言ったという話を聞いたことがあります。

私が知らないだけで他にもいろいろと愛情を感じられない出来事があったのでしょうし、祖父母も愛情を十分に受けられないまま親となり、父を育てていたのでしょう。父は感情が希薄なのに怒りだけは強いようで、その怒りは私にも通じるところがあります。もしかすると祖父母のさらに上の世代にもなにか家庭内で大きな問題があって、あまり愛情を受けられないまま育ち、子供に対しても同じように接していたのかもしれません。世代を超えて伝わるものが美点だけとは限らない、負の連鎖が続き悪循環を生んでいるのかもしれないと私は思うようになりました。

私の考え

私は親になったことはありません。実際に親になってみないと実感できないことはたくさんあるでしょう。現在は様々な子育ての情報を得ようと思えば得られるとはいえ、取捨選択はそう簡単ではありません。そもそも調べようとする人ばかりではないかもしれません。もっと前の世代であれば情報を得ることすら難しかったでしょう。そんな中、頼りにするのは自分がどう育てられたかで、無意識にそれを参考にすることもあるのではないでしょうか。自分がされて嫌だったことを子供にするのはどうかと思いますが、「それしか知らなかったから」と自分がされたように子供にも接し、どう愛情を表現すればいいのかもわからないまま日々に追われた末、私のような愛された実感が薄い人が出てくるのではないかと考えました。

平和な時代になった今、何かがきっかけとなって時代の過酷さの陰に隠れていた家庭の問題が浮き彫りとなり、向き合わざるを得ない時期がきているのかもしれません。もし私が不登校にもひきこもりにもならずに社会に出ていたなら、自分と向き合うことも家族の問題に気付くこともなかったでしょう。

愛情が十分に感じられて、親が話をしっかりと聞いて受け止めてくれるような家庭であれば、仮にいじめや何か困難があったとしても傷は浅く済むのではないかと思います。そんな理想通りにはなかなかいかないのですが、せめて話に耳を傾けて理解しようとする心構えは持っていてほしいものです。これは案外できているつもりでも、普段は他のことに意識が向いていて頭から抜けがちで、子供からすると聞いてくれないと感じる場合も多いのではないかと思います。

母は私がわかってほしいと言うと、他人を完全に理解することはできないからと言い、拒絶されたような気分になったことがありました。確かにそれはその通りなのです。それでも理解できないからと投げやりになったりわかった振りをしたりするのではなく、真摯に理解しようとする姿勢を持つことで変化が生まれるのではないかと思います。今はまだ表面化まではしていなくとも、水面下では問題が起きている家庭もあるでしょう。それを食い止める意味でも、子供が思っていることを言いやすい家庭環境をつくることが大切なことなのではないでしょうか。

今では私も両親も変化してきています。それでも私が両親に思っていることを言いにくいときはありますし、特に父は根本的に理解したうえで配慮してくれているとは思えないことがあり、もしかするとお互いに限界があるのかもしれません。そういう難しい壁はありますが、両親や助けてくださる方の存在は有り難く、非常に感謝しています。大学へ進学しようと受験勉強を始めたもののパニック障害が悪化しかけて中断するなど、挑戦しようとしても思うようにならないことはたくさんありますが、挑戦させてもらえるのはとても有り難いことです。挑戦できるまでの元気が戻るまでになかなか時間がかかり、自分に合った時期を見極めるのが難しく、焦る毎日です。それでも一人ではありません。私一人での自立は困難でも、ときには助けを借りることで前に進んでいければと思っています。

3 ひきこもりを抜け出しても、抜け出せないこと

のぞみ（33歳・女性）

空白期間の意味を問う日々

私がひきこもっていたということをこのような形で話せるようになるまで、何年掛かっただろう。長い道のりだった。

ひきこもっていたという事実は、働き始めてからも私の自信を無くさせた。履歴書に書けない空白や、社会経験の無さ。仲良くなった人から過去は何をしていたのかと聞かれても、今も本当のことを言えないので、ごまかしながら答える。もちろんそんな自分に自信など持てる訳がない。私は、ひきこもって何を得ただろうか。二〇代も、自分であることも、歳月も、自信も、全て捨ててしまった。

私は、働き始めてから、ひきこもっていた時の意味を見つけようとした。それが前に進む力になるのではないかと考えたからだ。そして、ひきこもりの若者の為の支援団体（NPO法人京都ARU）の扉を叩き、今に至る。きっとあの時期を消化できた時に「私、ひきこもっていました」と周りの人に説明できるようになるのだろう。

あの時期は、まず何が起こったのか分からなかったし、そうなってしまった原因も、いつ治るかも分からないという病気のようでもあった。はたから見たら何もしていない。そういう見えない人の目でさえも、怖かった。このままではいけないと強く思っている。なぜ動くことすらできないのだと、ただ自分を責める日々を一五〇〇日以上過ごした。自分が生きている意味さえ分からなかった。

私がそうなってしまったのは、何が原因だったのか。遠い記憶からさかのぼってみた。

草花と私

私は昭和六〇年に長女として生まれ、父、母、私、弟の四人家族の中で育った。母が言うには、何が嫌なのか分からないことでも過敏に反応し、よく泣く赤ん坊だったそうだ。生まれてすぐに、アトピー性皮膚炎が出て、治療をしながら育ったこともあるのかもしれない。私の一番古い記憶は、一人遊びをする自分だ。咲いている草花をじっと見つめ、言葉にはならない草花との対話を楽しみ過ごした。口数の少ない子どもで、何かに向かって集中をしている時には母親も話しかけにくい雰囲気を感じたそうで、大抵はそっとしておいたそうだ。ただ、二歳違いの弟とは仲良く遊んでいた記憶も多く、今も仲は良いと思う。

幼稚園に入っても性格は変わらず、園庭で草花をじっと見つめ過ごしたりしていたので、一人でいることが多かったのは自分でも覚えている。つまり私は友達がいなくても、一人で楽しめる子どもだった。かといって誰かと遊ぶのが苦手でもなく、遊ぼうと言われたら一緒に遊べる子どもだったが、自分から話しかけて遊んでもらうことは少なかったと記憶している。そのような性格というのはいまだに変わっていないように思う。

小学校に上がってもマイペースな行動は抜けず、一年生の時は先生に毎日忘れ物が大量にあることを怒られ、忘れた数を掲示板に張り出された。登校時も集団登校に遅れ、皆が行ってしまったことに危機感もなく草花を眺めながら登校していた。途中で止まり漫画の絵を描いていた。次第に遅刻する者同士で絵を描く仲間が自然にできた。母親は干渉するわけでもなく、私も登校中絵を描いていたことなどを含め、何があったか、何をしたかなどはほとんど話さなかったようだ。もちろん、父にも。

小学校二年生から四年生までは、先生に恵まれたおかげか不思議と大量の忘れ物や登校中、絵を描くことはぱったりと無くなった。作文に友達が少ないと書くほど友達は少なかったものの、それなりに自分らしく過ごしていたように思う。あの転校生が来るまでは。

転校生と私

五年生になると隣町からある女の子、Mが転校してきた。最初はとても大人しい子だと思っていたのだが、話すようになるにつれ、隠していた性格を前面に出してきた。まず、私と仲の良かったEの悪口を言い続けた。そして、Eを仲間外れにさせた。悪口と言ってもEが女子より男子達と仲が良く、女子達に疎ましく思われてどこかクラスで浮いていた彼女を「Eは男好きだ」と言うなど、今思えば些細なことばかりだ。Mはそのような話を次から次へ聞かせてきた。

それでも中学校一年生くらいまではEと手紙の交換などをしていたのだが、その間も私はEの悪口をMから浴びるように聞き続けた。次第に私はMに流されてしまい、Eに向かって悪口を言ってしまった時もある。やがてEは孤立してしまい、私とも話さなくなってしまった。夕暮れの道を一人で帰るEが今でも忘れられない。

あれから二〇年もたっているが、私は友達をいじめたのだと思っている。今でもときどきEは夢に出てきて、軽蔑したような冷たい視線を送ってくるのだ。私はおそらくこれからも夢を見続けるだろう。

私は気が付けば高校三年生までの八年間、Mに、私の至らない所を言い続けられた。いや、私だけではなく周りのすべての子のこと、不仲だった親のこと、兄妹で兄だけ大事にされていたと感じていたこと。あらゆることに彼女は不満をもっていた。そうかと思えば、いきなり私へ「素顔が素敵だ」などと言う時もある。意識して言葉を使い分けていたのかは分からない。彼女は人を操ることが上手かった。Mの機嫌を損ねると彼女はふっといなくなり、遠くで私のことを何か言っているのが見える。

今ならむしろ一人でもよかったと思う。この時には、限られすぎた人間関係と学校社会の中で生きていた私には「じぶんらしさ」というものがすでに喪失していて、Mの顔色をうかがいながら毎日を送っていた。彼女に話す内容にも細心の注意をはらい、あらかじめ話す内容をリストにするくらい神経が張り詰めていた。そしてちょっとでも彼女に引っかかることがあると、私はそれを必ず直さなければならないと思い込んでいた。私は完全にMに支配されていたのだ。

腹痛と私

そのような生活を送っているうちに、小学校六年生から徐々に、中学校に入ると毎朝、家を出る時間になると腹痛が起こるようになっていった。それでも無理やり学校へ行くが、その時点でもすでに遅刻で、腹痛に耐えながら授業を受けた。耐えられない日は午前中の授業はトイレか、保健室でつぶれてしまうようになっていった。あまりに保健室に行くので、保健職員から正露丸を毎日渡されるのを渋られた。もちろん正露丸は効くはずもなく、保健室に行っても嫌な顔をされるので、次第に誰も来ないトイレで一限、二限を過ごすこともあった。私は、それから授業を受けた。

部活は入らないといけなかったので、私はテニス部に入った。いつのまにかMも一緒だ。私はどこかふわふわしたような性格と雰囲気があったようだが、練習の際に思いっきりラケットを振りぬき、駆け回って見えたらしい。自分ではテニスが上手いとか上達しているとは思わなかったが、経験者の同級生から、大会で上を目指してみたらと言われた。しかし、先輩達からしたらそこが癪に障ったのかもしれない。今でも分からないが、とにかく私はその先輩達に目をつけられ、すれ違いざまにいやみを言われ、練習も一緒に組んでもらえず、ラリーもまともにしてもらえなくなった。次第に練習が成立しなくなってしまい、その年の秋に逃げるように退部した。辞める時にはその先輩達もいる中で、涙をコートの土に落としながら九〇度のお辞儀をして去り、実質、帰宅部である英語部に所属する。これが人生で初めて逃げた経験かもしれない。理由は分からないがしばらくしてMも辞め、なぜか私と同じ英語部に入ってきた。一人になる以外はどこにも気の休まる場所はなかったはずだが、そういう場所が必要なのだということも自分で分かっていなかったような気がする。学校では神経が常に張りつめていた。

受験の時期でも関係なくほぼ毎日腹痛があったので、私は途中退席が認められない高校入学の試験でも腹痛になってしまった。トイレに駆け込んだら、府立高校入学はできないという状況だったので、脂汗をかきながら血の気が引いたような状態で試験に臨んだ。得意だった国語の試験は途中、痛みで意識が飛びそうになったのを覚えている。それでも何とか試験はパスをして入学してから、Mも同じ高校になったことを知った。

高校一年生になっても腹痛は続き、やはりおかしいと思い医者にかかり何か薬をもらったが、全く効かなかった。その時にセカンドオピニオンにかかることを知っていればだいぶ生活は変わっていたと思う。何も変化がないまま高校でも遅刻して学校へ行き、午前中に腹痛。耐えられなければトイレに駆け込み、それでも腹痛があれば保健室へ行き、午後から下校まではMからあらゆる種類の悪口を浴びた。

高校三年生になると、Mの話を笑顔で聞いているように見えるが、内容は、全く聞こえてこないという術の様なものを身に着けた。この頃には、雑巾やボールなど物を投げられることもあった。濡れ雑巾を投げつけられた後、美術室の木の椅子を頭からぶつけられそうになったことがある。Mはニヤニヤしながら踏みとどまってくれたので、私の反応を楽しんでいただけなのだろう。

Mと過ごす時間はとても多かったが、私には他にもその時その時によって、仲の良い子はいた。手紙交換や連絡、休日に遊びに行くこともあり、学生らしい日々も楽しんでいた。Mとの付き合いだけでは無かったのは書いておこうと思う。唯一、今でもずっとつながりを断たずに仲良くしてくれているある一人の幼馴染には、とても感謝している。

今になって、自分の性格はもちろん、家族、友達との関係もひきこもったことに影響したのではないかと感じている。小さい頃からどのような生活を送っているかということを親にも誰にも言わなかった。それ以前に聞いてもらうということを知らなかった。

私は、進路を考える時期になった。私は小さな頃から物作りが好きだったので芸術大学に行くことを考えていた。ところがMも芸術大学への希望をしているという。それを聞いた私は、彼女とは別の芸大をわざわざ受け、入学した。

一方、腹痛には大学生になっても悩まされた。たいてい大学に向かっているバスの中で腹痛になり、途中下車してトイレに駆け込むこともしょっちゅうだ。そんなある日のことだった。腹痛でトイレに駆け込んだものの、その日は、血の気が引くぐらいまで具合が悪くなっていた。手すりにつかまりながら、トイレから出てきた時にふと目の前の廊下が真っ白になって見えなくなり、意識が飛び、気が付いたら保健室に寝ていたのだった。そこで、医者にかかることを勧められ、やっと、今までずっと続いていた腹痛は過敏性腸症候群という病気だということが分かり、薬を数年にわたり服用し、腹痛は徐々に治っていった。

作品制作の次に待っていたもの

大学生活はというと、自分のことをどう話して表現したらいいか分からなくなっていた私は、友達の作り方も、分からなくなってしまっていた。誰一人として悪意のある人はいなかったが、どこかひとり浮いているようだった。幸い声を掛けてくれる二人の子と緩やかに仲良くできたのは救いだったかもしれない。私は作品作りに没頭し、それが自分のするべきこととして毎日充実していた

と思う。

しかし、四回生になった途端、周りの同級生が自立するため、当然のように作業服から就活スーツに身を包んで忙しく動き回るのに対して、私は自然に順応できなかった。同級生が次々と内定をもらっていく中、私はというとただ途方に暮れていた。自分を社会でどう生かすか。たとえ四回生で見つけられなかったとしても、今まで自立することについて一度も考えてこなかったことは、就職活動に大きく影響した。「なぜ、はたらくのか」ということに対して明確な理由が分からなかった。

人まねで同じようにスーツに身を包んで就職説明会や、会社の面接を受けに行ったが、周りの人が死に物狂いに就活している雰囲気にすら私は耐えられず、就職活動でどう活動していいのか全く分からず、お門違いの保険会社を意味も分からないまま受けた記憶がある。大学院に進んでみたらどうかと言われたり、作品を作ってギャラリー展示しないかという依頼も来ていたが、この時には自分が何をしたいのか全く分からない状態になっていた。

混乱したまま卒業。卒業後、就活をしていたのだが嫌々していたので当然受かるはずもなく、完全にひきこもりとなっていった。これが人生の中で私が自分から逃げた二回目の経験だった。

私がひきこもりになったきっかけは、就活の挫折だった。しかし、それまでに生きてきた人生の中で小さな原因が積もり積もってひきこもりになったのではないかと今は考えている。もし就活で挫折せず就職しても、何らかの形でひずみが出ていたのではと思っている。

生きている意味は

ひきこもった最初の頃は、ずっと家に閉じこもっていたが、この状態がひきこもりだということすら気づくのに時間が掛かった。そして認めることからも逃げた。その時はこう思っていた。

「今までの学生生活、ずっとほかの同級生と変わらずに過ごしてきたのに、なぜ自分は周りと同じようにできないのだ」と毎日自分を責めて、責めて、責め続けた。そして現実的な悪夢をほぼ毎日見た。特に「なぜか自分だけ卒業できない」「自分だけテストで点が取れない」「歯が全部抜けて気が狂う」といったような夢を一週間に四回は見た。そして寝るのが怖くなり、それを避けるかのように昼夜逆転生活となっていった。自分を責めるという気持ちは寝ても覚めても二四時間続いた。

そんな時期に、両親が相談をしてみてはどうかと、私の母校のキャリアセンターで働いている知人を紹介してくれた。すでに人の目に怯えていた時期だったが、もともと真面目な性格もあって、言われた通り、重い体を引きずってお会いした。その方には、「両親は今まであなたを育ててくれたのだから、自立できるように、今度はあなた一人で立ち上がらなくてはならない。何かアクションを起こして、結婚するのもいい。家にいるのだったら親に甘えてないで、せめて新聞配達でもして自分のご飯代だけでも稼がないといけないよ」と言われ帰ってきた。事実、父の定年や私が働かないこと、さらに弟が大学の休学を繰り返していたことで、家の経済状況が悪くなっていることも痛いほど分かっていた。

そして別の日、母に食事に行こうと誘われ、レストランへ行き、大阪梅田の夜景をバックに、「いつ働くのか」と聞かれた。私は蒼白になり、全身が委縮していくのを感じた。胃まで。目の前のハンバーグは結局ほとんど手つかずのまま置かれた。「働くこと」については毎日、いや、いつも、自問自答している。だが自分でもなぜこんな状態なのか分からないのだ。「そんなことを言わないで。お願いだから」。この言葉を言うのに精一杯だったが、母には意味が分からないようだった。この二人からの言葉は、ひきこもった経験のない方からしたら、当たり前に聞こえるかもしれない。今思えば家族は私のことが心配だったのだと思うし、ひきこもりが長くなるほど親も苦しい。お互いに抜け出したいのは一緒だったのだと思う。でも、焦らないでほしかった。自分が一番焦っていた。このタイミングでいつ働くのかと聞かれたことは、より自分を責めさせた。一番苦しみ悩んでいるのは、やはり本人なのだと思う。

この時は自分の状態がおかしいとはどこかで思っていても、今のように客観的に見ることもできず、自分の状態を把握するどころではなかったし、気力がほとんどない状態の上、自分を責めてエネルギーを更に消費していた。加えて人の言動から自分を守るのに必死で、自分から外に向かってアクションを起こすなどという心の状態ではなかった。たとえて言うと、過労や、ノイローゼになってしまった人に対して、「病気をしている場合か、今動かないといけないよ。ご飯代だけでも稼いで来い」と言うのと似ているかもしれない。ひきこもりの状態は、見た目は問題がないように見えるけれど、心の中では責める自分とそれに耐える自分が常に戦っていた。混沌として、病気のようなものに侵されている状態だった。病名が付けばそのほうが楽だったと思う。私はどこにも逃げ場がなくなってしまった。

次第に私は、家族でさえ人の目が怖くなっていった。ほとんどを自分の部屋で過ごすようになり、精神的にはとても苦しい中で生活していた。今思うと働いて済むのなら働いたほうがよっぽど精神的にはよかったのだが、私は働く以前に自分のボロボロで感じやすい精神状態に付き合うのに精一杯だった。自分で自分を常に責め続けるというのは、ひきこもりを長引かせる要因となった。

自分を存在させてくれたもの

そのような中で、唯一私を存在させてくれたのは、自分の部屋で本を読むことだった。

興味のある本なら何でも、むさぼるように読んだ。読書は一見受け身で、現実逃避しているように見えるが、長い時間をかけてまず自分の精神状態を落ち着かせてくれたと思う。本は私のことをとやかく言ってきたりはしないので、その時間はただ集中できた。あとは、本を通して緩やかに社会と繋がっていたのではないかと今になって思う。精神的にも実際に外に出るにも、そのために図書館に行くということが、今思うと一歩前進だった。外に出ることができるのは夜だった。自分の中に漠然とした怖さと現実的な怖さがあった。現実的な怖さは知り合いに会うと近況を聞かれるためだ。誰にも会わないよう、マスクと帽子を着用し、怯えるようにして行く。本を選ぶのはとても速く、歩きながら本棚から本を抜いていった。そして逃げるように帰ったのを覚えている。その時の癖なのか、今も近所の店に行くのは実は苦手で、誰かいないかと無意識に探しているので知人を見つけやすい。今は、自分から挨拶するようにしているが、買い物は非常に速く、逃げるように去るか、遠くへ買い物に行く。

それから、少したってからだが、家事をするようになった。この頃、母はひどい更年期障害で、電話に出ただけで吐くほど精神的にも身体的にも異常な状態だった。仕事以外はほとんどソファから動けなかった。父は定年した直後から、くたびれた雑巾のようになり、お風呂にも入らず、持病のぜんそくを放置していた。何故か病院にも行かずに机に突っ伏し、ヒューヒューという呼吸音だけを吐き続けた。私は結果的に必要に迫られてなのだが、家族のご飯を作ることから始め、だいたいの家事全般をするようになっていった。家族という小さな社会の中に自分の役割が生まれたおかげで、後々これが脱出させてくれるエネルギーになったのだと思う。しかしこの時も、いつまでこんなことが続いていくのかと、不安につぶされそうになることも多かった。不安を払拭するために、夜中に泣きながら雑巾がけをしたことがある。外出も、二年ほどは帽子・マスク姿で夜しか出られないという状態が続いたが、当時犬がいたのも散歩で外出するきっかけになった。

ひきこもり始めて三年がたってくると、今まで以上に自分が人に比べて遅れているという感覚が強くなり、焦りが増してきた。普通に働いている友人は、きっと社会でしんどい思いをしながらも充実した生活を送っているはずなのに、私は何だろう。

そんな時偶然、ひきこもり支援団体である、京都ARUのラジオを聞いたのだ。その時は一人の男性がひきこもりの実体験を赤裸々に話されていた。同じような経験をしている人が確かにいるのだ、と実感した時、嗚咽をこらえることができなかった。この時あたりで、初めて「自分はひきこもっている」ということを本当に自覚していったのだと思う。自分の状態を受け入れることは意外にも時間のかかることだった。ダメなひきこもりの自分を、これも自分として認めないといけないからだ。

私はひきこもりだ

私は、ダメな自分を受け入れ、そして具体的に今の自分には何ができるかどうかを考え始めた。その頃、年末になると郵便受けに郵便局からの短期アルバイト募集のチラシが入っていた。その年は無理だと判断したが、迷っていて、来年はどうなるだろうと思っていた。仕事や就活をするのは、今は無理。やり方も分からない。でもその準備はできるかもしれない。資格を取るのはどうだろうと思い始めた。それからは、家事をしてから、昼から夜まで勉強し、興味のある資格から取った。仕事をするには体力がいるに違いないと思い、夜に走り始めたことも抜け出すきっかけとなった。勉強や運動ができるということは、この時点ですでに活動するためのエネルギーが貯まっていたのだと思う。

そして私はひきこもり四年目となった。私はこのままでは駄目だとじりじりとしている一方で、未知の社会に出る恐怖や不安が混ざり合って、極度の緊張を感じながらも、今の現状を抜け出さねばというありったけの気持ちを振り絞り、年末年始の郵便局の短期アルバイトに応募をした。人から見れば大げさかもしれないが、社会に出るというのは、それくらい大きなことだった。

この時のことは今でも鮮明に覚えている。緊張のせいか、面接会場へ行く間に何度も立ち止まり、一歩一歩を確かめるかのように向かった記憶がある。まるで目の前の道が永遠に続いているかのようだった。

ところが、会場に着くと、面接に来ていたのはジャージ姿のおじいさん、買い物帰りのような主婦、友達同士で来ている高校生達など、色々な人がいてザワザワしていた。拍子抜けと言ったら語弊があるかもしれないが、私が一番緊張し、フォーマルな格好をしていた。面接では、腰の低そうな面接官に「今まで何をしていましたか」と聞かれ、私は「家事手伝いをしていました」と答えたが、面接官は特に気にする様子もなく、「はーい。分かりました」と言った。簡単な志望動機、郵便局バイトの経験の有無、年末に二週間ほどだが実際入れるか等を聞かれ、結局五分程で面接は終わった。すぐに採用通知が来て、私は働くことになった。この頃になると私は、どんな経験でも新鮮に感じるようになっていた。本で知ることとはまた違い、実際に体を動かして、感じて知ることに喜びがあった。以前、京都ARUのラジオで自分の経験を語っていた人が、「外に出られた時に、赤ちゃんみたいに、見るもの触るものが新鮮だった」というようなことをおっしゃっていたが、私もまた同じようなことを感じていた。

仕事内容は大まかには年賀状の向きを揃えて箱に入れるというとても単純な作業だったが、必要以上に道具の名前から仕分け全体の流れを知りたがった。この仕事の契約が終わってから、それでもすぐに沢山の仕事はできなかったし、まだ長期は難しいと判断していた。私は数か月後に、新聞チラシに載っていた派遣会社に登録し、一日や一週間の仕事を数か月に一度くらいした。仕事をしていない時としている時が混在している期間が二年間ほどあり、その間も働いている期間は少しずつではあるが長くなっていった。

はたらくとはどういうこと?

目の前の電気が点いている。これは誰が支払っているか。ひきこもっている時は親だった。それに対して罪悪感があったのも事実で、今でも親にはとても迷惑をかけたと思っている。今では経済的に自立し、自分で生活費を払っていくということは当たり前の感覚となったが、この時の私には経済的な自立以外に就活の時に挫折した、「なぜ、はたらくのか」ということをどこかで探すことが併せて必要だったのだと思う。

働きながら、わざわざ意識をして、それを探していたわけではない。しかし私は自然に職場というところには色々な年齢や、立場の人がいることを知るようになっていった。そしてそれぞれに人生があり、生活があった。仕事中の何気ない会話でも、それぞれの人たちの生の言葉から、その人の生き方だとか、考え方を垣間見ることができた。それによって気づきやハッとさせられることも多かった。特に年配の女性たちの働く姿は、感じることが多く、きつい仕事の内容であってもより楽しく働こうと、誰かに冗談交じりに話しかけてその場の空気を和ませたり、周りの様子をよく見ていて、誰かを励ましたりしている人が多かった。そういう方の何気ない言葉一言で、存在を認められたような気持ちになるのも、不思議な温かみを感じたのだった。

私は学生の時にアルバイトはしていたが、ただおこづかいを稼ぐという感覚で働いていた気がする。ひきこもりを抜け出してから感じ方が変わっていたのは確かだと思う。

そして私は、例えばおかきを製造する仕事では、自分の作ったおかきを食べてもらえる人がいると思うと、少しだけ自分が社会の中で関わることができて、役に立ったかも知れないと思えるようになっていった。仕事場では、目の前の仕事を一生懸命に黙々とこなしている人たちの姿に、生きることへの前向きさを感じた。また、次第に私は当たり前に生活している人たちに敬意を持つようになっていった。当たり前に生活することが本当はすごいことなのではないかと思い始めた。

色々な気づきの中で、やっと私は「なぜ、はたらくのか」ということを自分なりに見つけたような気がした。仲間との関わりの中で私は気づかされて、育ててもらったと思っている。

そして、毎年行っていた郵便局の年末のアルバイト三年目には社員さん達から顔を覚えられ、「来てくれたんだ。今年もよろしく」と言われたりした。そして短期バイトが終わって半年後、郵便局から連絡があり、「半日の仕事だが、長期で働いてみないか」という誘いに乗り、私は働き始めた。ある日、社員さんと雑談をしていて過去の話になり、「あなたは、短期の時に目が輝いていて、印象的だった」と、言ってもらえたのを覚えている。この郵便局で、二年間弱働いた。プライベートでもお世話になり、社員さん達にバーベキューや登山、野球観戦など色々な所に連れて行ってもらった。今でも、私は人に恵まれたと思っている。自分のエネルギーは、この時には満タンどころかあふれている状態になっていた。保育士補助の仕事も始めて、二つの仕事が終わったら資格の勉強と家事で毎日を送れるようになった。そのうちに一つの仕事をフルタイムで働きたいと思うに至り、今は別の職場で働いて、四年ほどになる。

人生は充実させないといけないもの？

今は充実はしていると思う。一方で、ひきこもりの時期があったための喪失感や、劣等感を埋めるために、日々を充実させないといけないという強迫観念にも似た気持ちも常にある。一言で言えば、休むことができないのだ。まだ働けるのではないかと思い仕事探しをする。実際に休日にも仕事をしている。そして興味のあることはとりあえず手を出すので、趣味や活動も沢山ある。習い事は定期不定期を合わせ六種類ぐらいあった。その他趣味は、ランニング、イラスト制作、文通、読書等でまだまだ増えつつある。それから資格勉強、家事、そして人と会うこと。少し前まで誘いはほとんど断らないし、断れなかった。これを書いているだけで息が詰まってくるが、常に気忙しくないと充実感が得られないので、かなり詰まったスケジュールを組んでしまう。少し前まで本当に体を休める休みは、三か月で三日ほどだった。結局、仕事が終わってから深夜まで動き回って体調不良になり、時々仕事を休んでしまう。自分と相談しながら、バランスをとって行動することができない。本当に充実しているというのは、バランスが取れるようになって、心に余裕ができることなのではないか？と思っている。思っているが、なかなか上手くいかない。

ＨＳＰの存在を知って

私はひきこもりを抜け出して今までの人生を振り返るようになってから、自分の生きづらさや、人から見れば些細なことで傷ついてしまう自分に対して、改めて何故だろうと考えるようになり、本を探してみたり、ネットで調べたりした。そしてＨＳＰ（Highly sensitive person）という特性の存在を知る。日本語にすると、「人一倍敏感な人」という意味だ。エレイン・Ｎ・アーロンという博士が著書を書いている。全人口のうち五人に一人は感度がそれぞれ違うが、実はＨＳＰなのだそうだ。ＨＳＰは障害ではなく一言で言えば、ただ人よりも敏感で、外からの影響を受けやすいという特徴がある。感度が高いセンサーを持っていることにより、ちょっとしたことにも気づきやすく、気をつかってしまったり、考えすぎてしまうし、強い刺激に圧倒されたりして、疲れやすかったりする。

他にも特徴は沢山ある。

アレルギーの人が多い
刺激物やカフェインが苦手
恐怖物、強い音、匂い、光、刺激など、五感が敏感で圧倒されやすい
人の影響を受けやすい
共感力がある
想像力、感受性に長けている
芸術、音楽に深く心動かされる
慎重である
痛みを感じやすい
涙もろい
良心が傷みやすい
一人の時間を楽しめる
内向性がある
人に同化しやすい
等々……

ＨＳＰ関連の本を読み進めるうちに、「私のこと？」と思ってしまった。診断テストがあるのだが、私は八〜九割当てはまった。そして、ＨＳＰの人はひきこもりにもなりやすいことも知った。自分の特性の一つとして、ＨＳＰの存在を知ることができたのは、大きな一歩になると思っている。敏感さをそのままにすると生きづらいけれど、うまく自分でコントロールをすることで、今までマイナスだと思っていた性質を、プラスに生かせると信じてこれから生きていけると思ったからだ。

こんなことを書いているが、最近人と話していて、私はその分どこかで鈍感なところも併せ持っていることに気づかされた。二つを併せ持っていることが私らしさなのだと、捉えられることができた。

ふりかえってみて

今回原稿を書かせていただくことになり、時系列で書いていると、改めて人は常に変化をしていく生き物なのだと思った。ひきこもりの時期一つ取ってもそうだった。私も何年も後で振り返ってみてやっと段階を踏んでいたと気づいたので、当時、自分はただ停滞しているだけだと思っていたけれども違ったのだ。ひきこもって何も話さなくても、たとえ誰も、本人でさえ気づかなくても、社会復帰に直接繋がらないような小さな小さな変化や行動は、実はドン底の時でも起こっていたのだ。そして、それは大切なことだったのだと今になって思う。

毎日毎日を積み重ねていくうちに、その人のペースで変わっているのだと思っている。もちろん、後退を何度も何度も繰り返しながら。

もう少し先の私が、もう一度この原稿を読む時にどう思うだろうか。

「こういうこと考えていた頃もあったね。でも今の私はまた違うよ」と、敏感さに囚われずに、自分なりに特性や性格と付き合いながらサラッと言えるような女性になっていると良いなと思っている。

最後に、普段からお世話になっている京都ARUの方々、このような機会を与えていただいた佐々木先生に感謝申し上げます。ありがとうございました。

4 一歩ずつ、一歩ずつ

S.H（35歳・男性）

ずっとなんとなく苦しい。何でこんなことになったんだろう？　どこで道を間違えたんだろう？　自分だけどうして他の人が普通にできていること（学校に行くこと、働くこと）ができないんだろう？

ずっと思っていました。

はじめまして。私は現在三五歳の男性です。

今は縁あって、一昨年からひきこもりの支援団体でスタッフをしています。が、それまでは大きく二度、ひきこもりやそれに近い形を経験してきました。一度目は小学四年生から六年間。二度目は二三歳頃から約十年間。気付けば人生の半分近くの約一六年間を社会と距離を置いて生きてきました。

その当時の思いです。

特別、劇的な何かが起こるわけでもないひきこもり生活。ただひたすらに時間を無駄に消費している感じ。ある日、急に全てがうまくいくようになって動けるようになる。そんな日を夢見ていました。でも、何も変わらない日が、昨日と同じ今日が延々と続いていくその恐怖、絶望。誰かがヒーローのように現れて、この絶望から救い出してくれるのを待っている。早く動かないと取り返しのつかないことになる。でも動けない。頭では分かっていても動けない。じわじわと痛いのかどうかも分からないぐらいに少しずつ痛めつけられて、おかしくなっていく感じ。考えるのがしんどくて無になる。

ずっとそんな感じでした。繰り返しでした。

自分の人生は終わった。そう思っていました。

現在は働き始めましたが、そんな今も毎日不安に襲われ、悩み焦ります。悩みの中身は違うけど、悩み迷うことに変わりはありません。この先どうしよう？　このままでいいのか？と毎日怖いです。でも今は、少しずつ少しずつ（人より歩みは遅くても）前に進んでる、状況は良くなっていると感じています。信じています。

なぜひきこもったのか、どうして二度抜け出すことができたのか、今振り返っても正直分かりません。気付けばひきこもりになり、なんとなく抜け出すことができた。率直に言えば、今も抜け出せたのか分かりません。三度目はくる。そう覚悟しつつ日々できることをやっている。そんな感じです。

本当は具体的なエピソードのようなものを書けばいいのかもしれませんね。でも正直に言ってひきこもり時代の記憶があまりない。思い出せないことが多いです。辛かったのかな？　いまだに記憶に蓋をしているのかもしれません。ギリギリで自分を保ってきたのかもしれないですね。

強くはないし、すぐ悩む、常にひきこもりがちなそんな自分と付き合っていこう。他の誰かになろうとせずに自分として生きていこう、そう今は思っています。ひきこもったという事実、過ごした時間。それを受け止めて、それも全部ひっくるめて、そんな自分を好きでいる。それでいいんだと認められる。今はまだまだ。ですが、いつかそんな日がくるといいな、そう思っています。

あとがき

私は、もともとは他のひきこもり支援団体の一会員でした。二〇〇八年、京都ARU設立とともに在籍していた団体を離れ、午前は他所でパート勤務をしながら、午後は京都ARUの「居場所」でボランティアとして活動してきました。二〇一三年に事務局の常勤職員となり現在に至ります。そして、今も京都ARUの会員です。

「ひきこもり」とは状態を意味します。病名ではありません。「ひきこもり状態」になる経緯は人それぞれ違っています。そして、ある日突然「ひきこもり状態」になるものでもありません。個人のもつ資質や生育歴、家庭や社会の環境、障害などさまざまなバックグラウンドの中で、長い時間をかけ少しずつ澱のように心にたまっていった、わけのわからない「生きづらさ」というものに苦しめられ、自分ではどうしようもなくなった時、ひきこもることを選択するのです。それは自分を守るための工夫だと考えます。

私は長年ひきこもる人たちと共に過ごしてきました。彼らは一様に「今の気持ちをわかってほしい」と語ります。「家族や友達に打ち明けても理解してもらえないどころか、まったく取り合ってもくれない。打ち明けられる友達すらいない」と。そんな彼らにまわりは、「世の中のふつう」を正論として振りかざし、「さあ、どうするのだ」と迫りますが、それで解決できるでしょうか？　ますます心を閉ざし、ひきこもってしまうのではないでしょうか？

ここに、四人のひきこもり経験のある若者が体験記を寄せてくれました。彼らも、とても苦しい日々を過ごしてきました。過去を思い出し、自分と向き合い、内省する作業は本当に大変だったことでしょう。しんどかったと思います。がんじがらめになっている自分の気持ちを一つひとつ丁寧に解きほぐし言葉にしていく過程で、混乱していたものが整理されてくると、ありのままの自分が輪郭をもって浮かび上がってきたのだと思います。ひきこもることの意味や、「生きづらさ」の正体が見えてきたのではないでしょうか。ふり絞るようにして生み出された言葉は、体験者たちの心の叫びであり、苦悩と葛藤のメッセージです。

そして彼らは今、変化しようとしています。

私は、困りごとを抱えた人たちと共に生きていく家族のような想いをもって、支援の現場で教えられながら、自分自身を成長させていきたいと思っています。また、今回刊行するブックレットを、関係する多くの方々に読んでいただき、そこからさまざまな気づきや共感を得てもらえることを心から願っています。

最後に、この企画を取り上げていただいた、クリエイツかもがわと編集者の岡田温実さん、関わっていただいたすべての方々に心より感謝申し上げます。ありがとうございました。

NPO法人京都ARU　副理事長
産業カウンセラー・キャリアコンサルタント　大槻裕子

プロフィール　NPO法人 京都ARU《アル》

私たちは、社会的ひきこもり状態にある若者とそのご家族を支援する目的で、2008年6月に京都ARUを設立しました（法人認可2010年12月）。困りごとを抱える人たちに対して何かを「する」ことを求めたり、指示するよりも、その人が今「ある」ことを大切にしたい、尊重したいという想いから、京都ARU（アル）という名がつけられました。

京都ARUは、ひきこもっていた若者が仲間とともにさまざまな体験をすることで、今の自分を理解し、認めることができるように変化する姿を見てきました。その体験を積み重ね、ありのままの自分を大切にしながらゆるやかに社会とつながっていけるよう、若者が自ら気づき主体的に行動できるよう応援する伴走型の支援を心がけています。

若者の「生きづらさ」に共感し、「しんどさ」に寄り添いたい。今とこれからを一緒に考え、ともに生きていく道を見つけたいと活動しています。

●主な活動

居場所事業	出入り自由なフリースペースの開放 折り紙、マージャン、ゲームなどのプログラム開催
社会適応訓練事業	お菓子作り、調理実習、畑での野菜作り
社会貢献事業	ボランティア参加
情報発信事業	会報誌の発行
その他の事業	講演会の開催、他機関との協働、各種相談

シリーズ1作目

本体1000円＋税

NPO法人 京都ARU
〒601-8316 京都市南区吉祥院池ノ内町47番地 株式会社タナカテック内
電話・FAX　075-661-2088　E-mail　aru@kyoto-aru.com
URL　http://www.kyoto-aru.com/

ひきこもってみえてきた
わたしの輪郭
心が自由になるヒント

2019年8月31日　初版発行

編著者●ⓒNPO法人 京都ARU編集部
発行者●田島英二　info@creates-k.co.jp
発行所●株式会社 クリエイツかもがわ
〒601-8382　京都市南区吉祥院石原上川原町21
電話 075(661)5741　FAX 075(693)6605
URL　http://www.creates-k.co.jp
郵便振替　00990-7-150584
装丁・デザイン／菅田　亮
ISBN978-4-86342-269-8 C0036